Grundwortschatz
Naturwissenschaften

Russisch-Deutsch
Englisch-Deutsch
Französisch-Deutsch

von Lothar Hoffmann

VEB VERLAG ENZYKLOPÄDIE LEIPZIG

Hoffmann, Lothar:
Grundwortschatz Naturwissenschaften: Russ.-Dt., Engl.-Dt.,
Franz.-Dt. / von Lothar Hoffmann. — 1. Aufl. — Leipzig:
Verlag Enzyklopädie, 1988. — 136 S.

ISBN 3-324-00301-6

ISBN 3-324-00301-6

1. Auflage
© VEB Verlag Enzyklopädie Leipzig, 1988
Verlagslizenz Nr. 434-130/7/88
Printed in the German Democratic Republic
Gesetzt in der Extended 7-9-9
Gesamtherstellung:
Druckerei »Gottfried Wilhelm Leibniz«, Gräfenhainichen IV/2/14
Einbandgestaltung: Rolf Kunze
LSV 0807
Best.-Nr. 578 096 0
00900

Vorwort

Das vorliegende Wörterbuch enthält 1896 russische, 1750 englische und 1761 französische Stichwörter. Sie wurden für jede der drei Sprachen durch exakte statistische Untersuchungen aus einer repräsentativen Auswahl und Anzahl von Textstichproben ermittelt. Damit wird den Vertretern der Naturwissenschaften eine wissenschaftlich begründete Sammlung des Wortschatzes vorgelegt, den sie beherrschen müssen, um ihre russisch-, englisch- und französischsprachige Fachliteratur ohne größere Mühe zu lesen. Textdeckungstests haben ergeben, daß diese lexikalischen Einheiten durchschnittlich 87 % jedes einschlägigen Fachtextes ausmachen. Fügt man ihnen die dem Spezialisten ohne weiteres verständlichen Internationalismen, die nach den Regeln der Wortbildung erschließbaren Derivativa (vgl. die Verzeichnisse der produktivsten Substantiv- und Adjektivsuffixe) und Komposita sowie die hier nicht berücksichtigten Eigennamen, Zahlwörter und Symbole hinzu, so wird in den meisten Fällen eine Textdeckung von über 90 % erreicht. Bei dem erfaßten Grundwortschatz handelt es sich also um jenes Minimum lexikalischer Einheiten, das ein Maximum des Textes konstituiert.

Aus diesen elementaren Angaben ist deutlich zu ersehen, welche Bedeutung das Wörterbuch sowohl für den Lernenden — Anfänger wie Fortgeschrittenen — als auch für den Lehrenden im Fachsprachenunterricht bzw. in der Sprachkundigenausbildung hat, daß es aber auch dem Autodidakten und selbständig Lesenden unentbehrlich ist.

Wenn im Titel des Buches von einem Grundwortschatz der Naturwissenschaften die Rede ist, dann bedeutet das eine im Sinne effektiver Sprachaneignung notwendige Einschränkung gegenüber dem Gesamtwortschatz der Sprache wie auch gegenüber dem Fachwortschatz bzw. der Terminologie eines bestimmten Tätigkeits- und Kommunikationsbereichs, in dem diese Sprache verwendet wird. In unserem Falle wurde diese Einschränkung mit Hilfe der Kriterien der Vorkommenshäufigkeit und der Verteilung auf die Stichproben erzielt. Berücksichtigung fanden mit wenigen Ausnahmen nur lexikalische Einheiten bis zu einer relativen Häufigkeit von mindestens 0.000114, die in wenigstens drei voneinander unabhängigen

Stichproben vertreten waren, weil unterhalb dieser Grenze die Textdeckung nur noch in geringem Maße zunimmt.

Nicht minder wichtig sind bei der Ermittlung eines Grundwortschatzes Definition und Abgrenzung des Kommunikationsbereichs, für den er repräsentativ sein soll, ergibt sich daraus doch die Auswahl der Textstichproben. Unser Grundwortschatz der Naturwissenschaften entstammt in erster Linie Lehrbüchern und wissenschaftlichen Zeitschriften der Mathematik, der Physik und der Chemie. Für diese Disziplinen gelten die eingangs erwähnten Ergebnisse der Textdeckungstests in vollem Umfang. Die grundlegende Bedeutung und zentrale Stellung dieser drei Wissenschaften tritt aber sprachlich unter anderem dadurch in Erscheinung, daß die für ihre Darstellung charakteristische Lexik auch einen wesentlichen Teil der Texte anderer Naturwissenschaften ausmacht. Das gilt für die eine mehr (z. B. Geologie), für die andere weniger (z. B. Zoologie), je nach der Spezifik ihres Gegenstandes und der davon abhängigen Terminologie.

Der *Grundwortschatz Naturwissenschaften* basiert auf den früher in der vom Verfasser herausgegebenen Reihe *Fachwortschatz* erschienenen Häufigkeitswörterbüchern *Mathematik*, *Physik* und *Chemie* sowie Vergleichen mit ähnlichen Publikationen. Da die quantitativen Parameter vieler Fachwortschätze inzwischen weitgehend aufgearbeitet sind, wurde jedoch die Form des Häufigkeitswörterbuches aufgegeben, d. h., die gesonderten Häufigkeitslisten sowie die Angaben zu Rang und relativer Häufigkeit in den alphabetischen Verzeichnissen sind weggefallen. Die statistischen Daten stehen gewissermaßen als Garantie für die Zuverlässigkeit des lexikalischen Materials im Hintergrund und werden für andere Zwecke – insbesondere bei der Schaffung von Lehrmaterialien für die Sprachkundigenausbildung – genutzt.

Ähnlich wie im *Grundwortschatz Gesellschaftswissenschaften* (1980) wurden hier Untersuchungsergebnisse zusammengefaßt, die neun statistischen Einzelanalysen entstammen. Diese Zusammenfassung erscheint durch die mehr oder weniger enge Verwandtschaft zwischen den Fachwortschätzen der Mathematik, der Physik und der Chemie gerechtfertigt und für die fachbezogene Fremdsprachenausbildung zweckmäßig. Für besondere Bedürfnisse bleibt eine Trennung mit Hilfe dreier Sondersymbole (M, P, C) und ihrer Kombinationen allerdings möglich. In diesem Zusammenhang ist es nicht uninteressant, wieviele lexikalische Einheiten in allen drei, in jeweils zwei und nur in einer Disziplin auftreten. Für das Russische sind das: $M P C$ 521, $M P$ 149, $P C$ 170, $M C$ 53, M 336, P 258, C 409; für das Englische: $M P C$ 598, $M P$ 114, $P C$ 177, $M C$ 67, M 321, P 208, C 265; für das Französische: $M P C$ 499, $M P$ 100, $P C$ 264, $M C$ 30, M 222, P 316, C 330. Die Unterschiede zwischen dem Russischen einerseits und dem Englischen und Französischen anderseits ergeben sich – auch im Hinblick auf die Gesamtzahl der Stichwörter – aus der im Englischen und bis zu einem gewissen Grade auch im Französischen verbreiteten Homographie zwischen Substantiven, Adjektiven und Verben (z. B. englisch *subject* Gegenstand; abhängig; unterziehen; französisch *plan* Ebene; eben). Sie sind bei dem verwendeten Eintragungsmodus nicht relevant. Von seiner Zweckbestimmung her ist das vorliegende Wörterbuch weniger ein Nachschlagewerk, sondern eher ein Wissensspeicher, der die Lehrmaterialien für den Fachsprachenunterricht und die Sprachkundigenausbildung bei Naturwissenschaftlern ergänzt. Sein Inhalt sollte möglichst schnell in den geistigen Besitz eines jeden Lernenden übergehen. Dieses Ziel ist – wie Erfahrungen in unterschiedlichen Kommunikationsbereichen von Wissenschaft und Technik zeigen – zu erreichen, zumal ein Teil des *Grundwortschatzes* schon an den allgemeinbildenden Einrichtungen vermittelt wird.

Wesentlichen Anteil an den Untersuchungen zum *Grundwortschatz Naturwissenschaften* hatten durch ihre Mitarbeit an den früheren Häufigkeitswörterbüchern Dr. Georg Fiedler, Fritz Heinzmann †, Lisa Katsch, Dr. Heidrun Krug, Karin Leube, Christine Puchta, Prof. Dr. sc. Günter Weise und Dr. Eberhard Weiß.

Leipzig, März 1986   *Prof. Dr. sc. phil. Lothar Hoffmann*

Hinweise für den Benutzer

Der im Vorwort genannten Zweckbestimmung des Wörterbuches entspricht die Beschränkung auf ein Minimum an Angaben zu jedem Stichwort. Die angestrebte Konzentration auf das Wesentliche soll die Übersichtlichkeit erhöhen und die Benutzung erleichtern.

So sind bei jedem Stichwort nur die deutschen Äquivalente aufgeführt, deren Auftreten in einem Fachtext der Naturwissenschaften wahrscheinlich ist. Ihre Reihenfolge wird im wesentlichen durch die Vorkommenshäufigkeit in diesem Tätigkeits- und Kommunikationsbereich bestimmt. Kann ein Stichwort für mehrere Wortarten stehen, z. B. englisch *plane* Ebene; eben; planieren; französisch *physique* Physik; physikalisch, so ist das an den deutschen Äquivalenten ohne besondere Kennzeichnung zu sehen.

Die Form des Stichwortes ist die gleiche wie in anderen Wörterbüchern. Bei den russischen Verben wird jedoch vom perfektiven Aspekt auf den imperfektiven verwiesen, weil dieser in Fachtexten weitaus häufiger ist. Adverbien erscheinen als Adjektive, wenn sie von diesen abgeleitet sind (russisch *-о/-е*, *-ски*; englisch *-ly*; französisch *-ment*); haben sie eine abweichende Bedeutung oder Schreibung, so werden sie gesondert aufgeführt; wird das Adjektiv selten verwendet, so kann es fehlen.

Die lexikalischen Einheiten erscheinen in der Masse der Fälle als Einzelwörter, da sie wegen ihrer Häufigkeit in Wortverbindungen nur selten das deutsche Äquivalent wechseln. Einige feste bzw. idiomatische Verbindungen und bei bestimmten Präpositionen auftretende Varianten haben allerdings unter dem entsprechenden Schlüsselwort Aufnahme gefunden, weil sich ihr deutsches Äquivalent nicht ohne weiteres erschließen läßt, z. B. russisch **в то время как** während, **по крайней мере** mindestens; englisch **as a consequence** folglich, **as a matter of fact** tatsächlich; französisch **fair appel à** zurückgreifen auf, **au lieu de** anstatt.

Regiert das Stichwort einen vom Deutschen abweichenden Kasus, dann ist dieser in Kursivdruck angegeben, z. B. russisch **требовать** -ую, -ует *Gen* fordern, erfordern, verlangen; **c** *Instr* mit; und; *Gen* von, seit, von . . . an.

Regiert das Stichwort eine bestimmte Präposition, so erscheint

diese (– der Wörterbuchtradition entsprechend – für das
Russische und Englische in Klammern), wenn keine Übereinstimmung mit dem Deutschen besteht, z. B. russisch ис-
ключа́ть (из *Gen*) eliminieren; ausschließen (von); напомина́ть
(o *Präp*) erinnern (an); englisch **capable (of)** fähig, imstande;
depend (upon, on) abhängen, abhängig sein; beruhen; französisch **autour de** um, um . . . herum; **répondre à** entsprechen.
In Klammern stehen ferner die reflexiven Varianten der russischen Verben mit Bedeutungsabweichungen im Deutschen,
z. B. име́ть (ся) -е́ю, -е́ет haben, besitzen; (vorhanden sein);
отлича́ть (ся) unterscheiden, auszeichnen, hervorheben; (variieren), und die „unregelmäßigen" Formen der englischen Verben, z. B. **choose (chose, chosen)** wählen, auswählen; vorziehen;
lie (lay, lain) liegen.
Besonderheiten in Deklination und Konjugation werden an
davon betroffenen Endungen, zuweilen an ganzen Wortformen
verdeutlicht. Das gilt vor allem für Substantive wie z. B. russisch **вес** *Pl* -á, -о́в Gewicht, Masse; **вре́мя** вре́мени Zeit; englisch **data** *Pl* Daten, Angaben, Kennziffern, Werte; Ergebnisse; französisch **mathématiques** *f Pl* Mathematik, aber auch
für die substantivierten Adjektive im Russischen, z. B. **пере-
ме́нная** -ой Variable, Veränderliche; Funktion; **це́лое** -ого
Ganzes; ganze Zahl.
Bei den russischen Verben wird neben der 1. Person nicht
– wie üblich – die 2., sondern die 3. Person Singular angegeben, da diese in Fachtexten absolut dominiert, während die
2. Person so gut wie gar nicht auftritt, z. B. **выводи́ть** -вожу́,
-во́дит schließen, folgern; ableiten; auslenken; **сле́довать** -ую,
-ует folgen.
Am Schluß jeder Wörterbucheintragung zeigen die Buchsta-
ben *M*, *P* und *C* an, in welcher oder in welchen der untersuch-
ten Wissenschaften das Stichwort besonders häufig vertreten
ist. Fehlt dieser Hinweis, dann gilt das für alle drei.

Folgende **Abkürzungen** werden verwendet:

Akk	Akkusativ	*Instr*	Instrumental
Art	Artikel	*M*	Mathematik
C	Chemie	*m*	maskulin
Dat	Dativ	*P*	Physik
f	feminin	*Pl*	Plural
Gen	Genitiv	*Präp*	Präpositiv
Inf	Infinitiv		

Russisch-Deutsch

А

a und; aber; sondern
абсолю́тный absolut; völlig, vollständig
абсци́сса Abszisse *M C*
автокла́в Autoklav *C*
автомати́ческий automatisch *M*
автоно́мный autonom *M*
а́втор Autor, Verfasser; Urheber *P C*
аддити́вный additiv *M*
а́дрес *Pl* адреса́ Adresse *M*
адсо́рбция Adsorption *C*
азо́т Nitrogenium, Stickstoff *P C*
азо́тистый salpetrig, stickstoffhaltig *C*
азо́тный Salpeter-, Stickstoff- *C*
актива́ция Aktivierung *C*
акти́вность -и Aktivität; Tätigkeit *C*
акти́вный aktiv; tätig *C*
акусти́ческий akustisch, klangwirksam *P*
а́лгебра Algebra *M*
алгебраи́ческий algebraisch *M*
алгори́тм Algorithmus *M*
алифати́ческий aliphatisch *C*
альдеги́д Aldehyd *C*
алюми́ниевый Aluminium- *P*
алюми́ний Aluminium *P C*
ами́н Amin *C*
аминогру́ппа Aminogruppe *C*
аммиа́к Ammoniak *C*
аммо́ний Ammonium *C*
ампе́р *Gen Pl* ампе́р Ampere *P*
амплиту́да Amplitude *P*
ана́лиз Analyse, Zerlegung; математи́ческий ана́лиз Analysis
анализи́ровать -ую, -ует analysieren, zerlegen *C*
аналити́ческий analytisch *M C*
ана́лог Analogon, Analog(es) *M*
аналоги́чный analog

анало́гия Analogie, Ähnlichkeit *P*
анили́н Anilin *C*
анио́н Anion *C*
ано́д Anode *P C*
антисвя́зевый antibindend *C*
аппара́т Apparat, Gerät; Vorrichtung, Einrichtung *P*
аппарату́ра Apparatur *M*
аппроксима́ция Approximation, Näherung *M*
аппроксими́ровать -ую, -ует approximieren, nähern *M*
аргуме́нт Argument; Beweis *M*
арифмети́ческий arithmetisch *M*
аромати́ческий aromatisch, wohlriechend, würzig *C*
асимпто́та Asymptote *M*
атмосфе́ра Atmosphäre, Hülle; Medium, Mittel *C*
атмосфе́рный atmosphärisch; Luft- *C*
а́том Atom *P C*
а́томный atomar; Atom- *P C*
ацета́т Acetat *C*
ацето́н Aceton, Propanon *C*

Б

ба́за Basis *M*
ба́зис Basis, Grundlage, Grundfläche; Grundzahl *M*
ба́зисный Basis- *M*
ба́ня Bad, Wasserbad *C*
без *Gen* ohne; weniger als
безво́дный wasserfrei, entwässert *C*
безусло́вный unbedingt *M*
бе́лый weiß *C*
бензо́л Benzen *C*
бензо́льный Benzen- *C*
бесконе́чность -и Infinität, Unendlichkeit, Endlosigkeit *M P*

бесконе́чный infinit, unendlich, unbegrenzt *M P*

беспреде́льный infinit, unendlich, unbegrenzt, grenzenlos *M*

бесцве́тный achromatisch, farblos; blaß *C*

бесчи́сленный unzählig, unzählbar *M*

биортогона́льный biorthogonal *M*

благодаря́ *Dat* dank, durch

ближа́йший nächst

бли́зкий nahe, nahegelegen; ähnlich; eng

блок Block; Einheit *M*

бо́лее mehr, über; *dient zur Bildung des Komparativs der Adjektive*

большинство́ Mehrheit, Mehrzahl *C*

большо́й groß

бор Bor *C*

брать беру́, берёт nehmen, entnehmen; ergreifen

бром Brom *C*

броми́д Bromid *C*

бро́мистый bromhaltig; Brom- *C*

броса́ть werfen, hinwerfen; schleudern; aufhören *P*

бро́сить s. броса́ть

бу́ква Buchstabe *M*

бума́га Papier *C*

бу́ферный Puffer- *C*

бы́стрый schnell, rasch

быть sein, vorhanden sein

В

в *Akk: wohin?, Präp: wo?* in, an, auf; bei; nach; von; zu

ва́жный wichtig, groß, bedeutend

ва́куум Vakuum, luftleerer Raum; Unterdruck *P C*

вале́нтность -и Valenz, Valenzzahl, Wertigkeit *C*

вариа́нт Variante *M*

вариа́ция Variation *P C*

вблизи́ (от *Gen*) nahe, unweit, in der Nähe *P C*

введе́ние Einführung, Einleitung

ввести́ s. вводи́ть

вверх nach oben, hinauf, herauf *P*

ввиду́ *Gen* in Anbetracht, wegen, infolge *M P*

ввод Eingabe *M*

вводи́ть -вожу́, -во́дит einführen, einleiten; eingeben

вдоль *Gen* längs, entlang *M P*

везде́ überall *M*

ве́ктор Vektor *M P*

ве́кторный vektoriell; Vektor- *M P*

вели́кий groß *P C*

величина́ Größe, Wert, Betrag

ве́рный richtig, korrekt; wahr, gültig *M*

вероя́тность -и Wahrscheinlichkeit *M C*

вероя́тный wahrscheinlich *C*

вертика́льный vertikal, senkrecht, lotrecht *P*

ве́рхний hoch, höchst, ober; Ober-; maximal; Maximal-

вес *Pl* -а́, -о́в Gewicht, Masse *P C*

весово́й Gewichts-, Masse-; Waage- *C*

весы́ *Pl* Waage *C*

вести́ веду́, ведёт führen; durchführen

весь, вся, всё; все ganz, alles; *Pl* alle

весьма́ sehr, überaus

веще́ственный materiell, stofflich; reell

вещество́ Stoff, Materie, Substanz; Material

взаи́мный gegenseitig, beiderseitig; wechselseitig; Wechsel-

взаимоде́йствие Interaktion, Wechselwirkung *P C*

взаимоде́йствовать, -ую, -yeт aufeinander einwirken, reagieren *P C*

взрыв Explosion, Detonation; Knall *C*

взять s. брать

вибра́тор Vibrator *P*

вид Art, Form, Aussehen; Äußeres, Anschein; Ansicht, Aspekt; Verlauf; в ви́де in Form von, als; име́ть в виду́ im Auge haben, meinen

ви́деть ви́жу, ви́дит sehen, einsehen; zusehen

ви́дный sichtbar, ersichtlich, offensichtlich; deutlich

ви́нный Wein- *C*

ви́смут Bismut *C*

вихрево́й wirbelartig; Wirbel- *P*

вихрь Wirbel *P*

вклад Beitrag *C*

включа́ть einschließen, einbeziehen, einfügen; einordnen; einschalten *M P*

включи́ть s. включа́ть

влечь влеку́, влечёт (за собо́й) (nach sich) ziehen, schleppen; anziehen *P*

влия́ние Einfluß, Einwirkung *P C*

влия́ть (на *Akk*) beeinflussen; wirken, einwirken *C*

вложе́ние Inklusion, Einbettung *M*

вме́сте zusammen *M P*

вме́сто *Gen* an Stelle, anstatt, statt

внача́ле anfangs, zuerst, zunächst *C*

вне *Gen* außerhalb, außer *M*

вне́шний äußer, äußerlich, extern; oberflächlich; Außen-

вниз (по *Dat*) hinunter, hinab; herunter, herab; nach unten *P*

внима́ние Aufmerksamkeit, Achtung, Beachtung

вноси́ть -ношу́, -но́сит hineintragen, hineinbringen; hereintragen, hereinbringen; eintragen *P*

вну́тренний inner, inwendig, innerlich, intern; Innen-

внутри́ *Gen* innerhalb; innen

вода́ Wasser *P C*

во́дный wäßrig, wasserhaltig; Wasser- *C*

водоро́д Hydrogenium, Wasserstoff *P C*

водоро́дный Wasserstoff- *C*

водяно́й Wasser- *C*

возбуди́ть s. возбужда́ть

возбужда́ть erregen, anregen; hervorrufen, reizen *P*

возбужде́ние Erregung, Anregung, Aktivierung *P C*

возвра́т Rückkehr, Wiederkehr *M*

возгоня́ть sublimieren *C*

возде́йствие Einwirkung, Einfluß *C*

во́здух Luft *P C*

возмо́жность -и Möglichkeit; Fähigkeit

возмо́жный möglich, eventuell, denkbar

возмуще́ние Störung, Abweichung, Schwankung *M P*

возника́ть entstehen, auftreten

возникнове́ние Entstehung, Auftreten *P*

возни́кнуть s. возника́ть

возраста́ние Anwachsen, Ansteigen, Zunahme, Wachstum

возраста́ть wachsen, anwachsen, zunehmen *M P*

возрасти́ s. возраста́ть

войти́ s. входи́ть

вокру́г *Gen* um, ringsum, ringsherum, um . . . herum *P*

волна Welle *P C*

волновой wellenförmig, wellig; Wellen- *P C*

волокно Faser, Fiber; Faserstoff *C*

вольт *Gen Pl* вольт Volt *P C*

вообще allgemein, im allgemeinen, überhaupt; im ganzen; für gewöhnlich; immer; **вообще говоря** allgemein'gesagt; eigentlich

вопрос Frage; Problem

воспользоваться s. пользоваться

в осстанавливать reduzieren; regenerieren *C*

восстановить s. восстанавливать

восстановление Reduktion, Wiederherstellung *C*

впервые erstmalig; als erster *P C*

вплоть (до *Gen*) bis (zu, an) *C*

вполне völlig, vollkommen, ganz *M P*

вправо rechts; nach rechts *M*

вращательный rotierend, drehend; Rotations-, Dreh- *P*

вращать(ся) (sich) drehen; (rotieren, kreisen) *P*

вращение Rotation, Drehung, Kreisen; Zirkulation *P*

время времени Zeit; **в то время как** während; **в то же время** gleichzeitig; **в настоящее время** gegenwärtig

все s. весь

всё immer, stets, fortwährend; **всё же** dennoch, trotzdem

всевозможный allerlei; *Pl* verschiedenste, alle möglichen *M*

всегда immer, stets

всего insgesamt, im ganzen

в силу *Gen* kraft, infolge *P*

вскипеть s. кипеть

вскипятить s. кипятить

вслед (за *Instr*) nach, unmittelbar nach *M*

вследствие infolge, durch;

вследствие того что dadurch daß; da, weil; **вследствие чего** wodurch; **вследствие этого** infolgedessen, dadurch

вспомогательный Hilfs-; Zusatz- *M*

встретить(ся) s. встречать(ся)

встречать(ся) treffen, antreffen, begegnen, stoßen auf; (auftreten)

вступать eintreten, treten in; beginnen; übergehen *C*

вступить s. вступать

всюду überall

всякий jeder, jeglicher, jedweder; alle

вторичный sekundär; nochmalig *P C*

вход Eingang; Eingabe *M*

входить (в *Akk*) -хожу, -ходит hineingehen, eintreten; **входить в состав** eingehen, gehören (zu) *M P*

входной Eingangs-; Eingabe- *M*

выбирать wählen, auswählen; herausnehmen *M P*

выбор Wahl, Auswahl *M P*

выбрать s. выбирать

вывести s. выводить

вывод Schluß, Schlußfolgerung; Ableitung, Herleitung; Ausgabe; Abfluß

выводить -вожу, -водит schließen, folgern; ableiten; auslenken *M P*

выглядеть -гляжу, -глядит aussehen *P*

выделение Ausscheiden, Abscheidung; Ausfall, Ausfällen; Entbindung *Gas C*

выделить s. выделять

выделять ausscheiden, absondern, freisetzen; ausfällen; isolieren; extrahieren; herauslösen

вызвать s. вызывать

вызыва́ть hervorrufen, bewirken, bedingen, auslösen, erzeugen *P C*

вы́йти s. выходи́ть

вы́кладка Berechnung *M*

вы́нудить s. вынужда́ть

вынужда́ть zwingen, erzwingen *P*

выпада́ть ausfallen, niedergeschlagen werden *C*

вы́пасть s. выпада́ть

вы́писать s. выпи́сывать

выпи́сывать ausschreiben *M*

выполне́ние Ausführung, Erfüllung, Vollzug; Ablauf, Abarbeitung *M P*

вы́полнить s. выполня́ть

выполня́ть ausführen, erfüllen, vollziehen, verwirklichen; abarbeiten

выпрями́тель Gleichrichter *M P*

вы́пуклый konvex *M*

вы́пуск Ablassen, Entleerung; Ausgabe, Austritt; Produktion *C*

выраба́тывать ausarbeiten, herstellen, produzieren *M*

вы́работать s. выраба́тывать

выража́ть äußern, ausdrücken, darstellen

выраже́ние Äußerung, Ausdruck; Formel

вы́разить s. выража́ть

вы́родиться s. вырожда́ться

вырожда́ться entarten *P*

вы́сказать s. выска́зывать

выска́зывать äußern, aussagen, aussprechen, ausdrücken *P*

высо́кий hoch; groß

высота́ Höhe; Gipfel; Wert *P C*

вытека́ть folgen, sich ergeben; entspringen; ausfließen, ausströmen, abfließen

вы́течь s. вытека́ть

вы́ход Ausgang; Ausgabe; Austritt, Abfluß; Ausbeute, Ertrag *M C*

выходи́ть -хожу́, -хо́дит heraustreten; ausgeben; austreten, verlassen; ausgehen, herkommen *M P*

выходно́й Ausgangs-, End-; Ausgabe- *M*

вы́честь s. вычита́ть

вычисле́ние Rechnung, Berechnung; Auswertung

вычисли́тельный rechnerisch; Rechen- *M*

вы́числить s. вычисля́ть

вычисля́ть rechnen, berechnen, ausrechnen; auswerten

вычита́ть subtrahieren, abziehen *M*

вы́ше *Gen* höher; größer; über, mehr; oben, oberhalb

вы́явить s. выявля́ть

выявля́ть zeigen; feststellen *C*

выясне́ние Klärung *M*

вы́яснить s. выясня́ть

выясня́ть klären *M P*

вяза́ть вяжу́, вя́жет binden; zusammenziehen *P*

вя́зкий viskos; zäh, zähflüssig; duktil, verformbar; schlüpfrig *C*

вя́зкость -и Viskosität; Zähigkeit, Zähflüssigkeit; Verformbarkeit *P C*

Г

газ Gas *P C*

га́зовый gasförmig; Gas- *C*

газообра́зный gasförmig; luftförmig *C*

гальвани́ческий galvanisch *C*

гальвано́метр Galvanometer *P*

гармони́ческий harmonisch, übereinstimmend *M P*

где wo; wobei

гелий Helium *P C*
геометрический geometrisch *M*
гетерогенный heterogen *C*
гидрат Hydrat *C*
гидроксил Hydroxyl, Hydroxyl-
gruppe *C*
гидроксильный Hydroxyl- *C*
гидролиз Hydrolyse *C*
гидролизовать -ую, -ует hy-
drolysieren *C*
гидроокись -и Hydroxid *C*
гипотеза Hypothese *P*
глава Kapitel
главный hauptsächlich, wesentlich; Haupt-; Ober-
гладкий glatt *M*
глицерин Glyzerin *C*
глубина Tiefe *P*
глубокий tief, tiefliegend; tief-
greifend, eingehend; hoch
говорить reden, sprechen, sagen;
nennen
год в году Jahr *P C*
гомолог Homolog(es) *C*
гомоморфизм Homomorphis-
mus, Homomorphie *M*
горизонтальный horizontal,
waagerecht *P*
горячий heiß; glühend; bren-
nend *C*
гравитационный Gravitations-
P
граница Grenze; Schranke; Begrenzung, Rand; Peripherie
граничный angrenzend, peri-
pher; Grenz-; Rand- *M P*
грань -и Grenze; Rand, Kante;
Randebene; Seitenfläche *M P*
график Graph; Diagramm,
Schaubild; Kurve, Kennlinie
M C
группа Gruppe, Klasse; Nest,
Schwarm, Haufen, Cluster;
Radikal; Rest
группировка Gruppierung *C*
групповой Gruppen-, Klassen-
M

Д

давать даю, даёт geben, ergeben, liefern
давление Druck; Pressung,
Spannung *P C*
даже sogar, selbst
далее weiter, ferner, im weiteren; bei weitem
дальнейший weiter, ferner; weiterhin, im weiteren
дальний weit, fern, entfernt *P*
данные *Pl* Daten, Angaben,
Fakten; Ergebnisse; Werte
данный gegeben; vorliegend;
entsprechend; dieser
дать s. давать
двигать bewegen, in Bewegung
setzen; verrücken, verschieben;
antreiben *P*
движение Bewegung; Strömung;
Kinesis; Entwicklung
двинуть s. двигать
двойчный dual; Dual- *M*
двойной doppelt, zweifach;
Doppel- *M C*
двуокись -и Dioxid *C*
двухвалентный bivalent, zwei-
wertig *C*
действие Wirkung, Einwirkung,
Einfluß; Tätigkeit; Operation,
Verfahren; Angriff *eines Vek-*
tors
действительность -и Wirklichkeit; Echtheit, Gültigkeit,
Realität *P*
действительный wirklich, tatsächlich; reell
действовать -ую, -ует funktionieren; wirken, tätig sein;
bewirken *P C*
делать machen, tun; durchführen
деление Division, Dividieren,
Teilung *M*
делитель Divisor, Teiler *M*

де́ло Sache; Angelegenheit; Prozeß; Arbeit, Werk; в са́мом де́ле in der Tat, tatsächlich

день дня Tag C

де́рево Pl дере́вья Holz; Baum C

диагра́мма Diagramm, Schaubild M C

диа́метр Diameter, Durchmesser P

диви́зор Divisor M

дизъюнкти́вный disjunktiv M

дизъю́нкция Disjunktion M

диме́р Dimeres C

дипо́ль Dipol, Zweipol P

дипо́льный Dipol- C

диссона́нция Dissonanz, Zerfall C

дифференциа́л Differential; Schaltdifferenz C

дифференциа́льный Differential- M P

дифференци́ровать -ую, -ует differenzieren M

дифференци́руемость -и Differenzierbarkeit, Ableitbarkeit M

диэле́ктрик Dielektrikum, Nichtleiter P

диэлектри́ческий dielektrisch, nichtleitend P

длина́ Länge

дли́нный lang C

для Gen für, zu; ... halber, wegen; als; для того́, что́бы um zu

до Gen bis, bis zu, bis auf; vor

доба́вить s. добавля́ть

доба́вка Zusatz, Zugabe C

добавле́ние Addition; Ergänzung; Zuschlag, Zusatz M C

добавля́ть hinzufügen; beimengen, zusetzen M C

доба́вочный zusätzlich, ergänzend; Ergänzungs-, Reserve- P

дово́льно ziemlich; genug, genügend, zur Genüge

дозво́ленный erlaubt M

дойти́ s. доходи́ть

доказа́тельство Beweis M

доказа́ть s. дока́зывать

дока́зывать beweisen, nachweisen, zeigen

до́лжен, должна́, должно́; должны́ muß; Pl müssen

до́лжный gebührend, gehörig P

до́ля Teil, Anteil, Quote, Rate C

дополне́ние Ergänzung, Komplement, Supplement M

дополни́тельный komplementär, ergänzend, nachträglich, zusätzlich; Komplement-, Ergänzungs-

допо́лнить s. дополня́ть

дополня́ть ergänzen P

допуска́ть zulassen, gestatten; gelten lassen; annehmen

допусти́мый zulässig; Toleranz- M

допусти́ть s. допуска́ть

доста́точность -и Genüge, Hinlänglichkeit, Suffizienz M

доста́точный genügend, hinreichend, hinlänglich

достига́ть Gen erreichen, erlangen; gelangen (zu)

дости́гнуть s. достига́ть

достиже́ние Erreichen, Erlangung; Erfolg, Leistung, Errungenschaft C

дости́чь s. достига́ть

доходи́ть -хожу́, -хо́дит (до Gen) gelangen, erreichen, kommen (zu) P

дро́бный gebrochen; Bruch- M

дробь -и Bruch M

друг дру́га; друг от дру́га; друг дру́гу; друг с дру́гом einander; voneinander; zueinander; miteinander

друго́й anderer

дуга́ Bogen M

Е

З

его sein *Possessivpronomen*

едини́ца Einheit; Einer; Eins

едини́чный einzeln, vereinzelt, einmalig, selten; Einzel-; Einheits-; Einer-; Eins *M P*

еди́нственность -и Eindeutigkeit; Unität *M*

еди́нственный eindeutig; einzig *M*

еди́ный einheitlich *M*

е́дкий kaustisch, ätzend, scharf, beißend; Ätz- *C*

её ihr *Possessivpronomen*

ёмкость -и Kapazität, Rezeptivität, Aufnahmefähigkeit, Leistungsvermögen; Kapazitanz *P C*

е́сли wenn, falls; **е́сли ... то** wenn ... dann, so

есте́ственный natürlich *M P*

есть sein; es gibt, es ist, es sind

ещё noch; schon

Ж

же jedoch, aber, hingegen

желе́зо Ferrum, Eisen *P C*

жёлтый gelb *C*

жёсткий hart, rauh; streng, schroff; starr; durchdringend; energiereich *P*

жи́дкий flüssig, dünn, geschmolzen; Flüssigkeits- *P C*

жи́дкость -и Liquor, Flüssigkeit; Schmelze *P C*

жир Fett, Talg; Schmer; Schmalz; Öl; Tran *C*

жи́рный fett, fettig; geschmeidig; Fett-, Öl- *C*

за *Akk: wohin? wofür? Instr: wo?* hinter; für; an, bei; während; wegen; infolge

зави́сеть -ви́шу, -ви́сит abhängen, abhängig sein; zusammenhängen

зави́симость -и Abhängigkeit, Zugehörigkeit; Funktion

задава́ть -даю́, -даёт aufgeben, angeben, vorgeben, stellen

за́данный gegeben, vorgegeben; bestimmt; Soll- *M*

зада́ть s. задава́ть

зада́ча Aufgabe, Problem

заде́ржка Verzögerung; Nacheilung *M*

зажига́ние Zündung *P*

зака́нчивать vollenden, abschließen *M*

за́кись -и Oxid (*Bezeichnung für niedere Oxydationsstufen eines Elements, im Gegensatz zu* о́кись) *C*

заключа́ть(**ся в** *Präp*) schließen, folgern, deduzieren; abschließen, einschließen; (bestehen in) *M P*

заключе́ние Schlußfolgerung; Einschluß *M*

заключи́ть s. заключа́ть

зако́н Gesetz; Prinzip; Satz

закономе́рность -и Gesetzmäßigkeit *C*

зако́нчить s. заканчивать

закрепле́ние Festigung, Verfestigung *P*

заме́на Ersatz; Tausch, Austausch, Vertauschung, Substitution; Einzelung *M*

замени́ть s. заменя́ть

заменя́ть ersetzen; tauschen, austauschen, vertauschen; substituieren, vertreten

замести́тель Substituent *C*

заместить s. замещать

заметить s. замечать

заметный merklich, bemerkbar; bedeutend P

замечание Bemerkung, Feststellung; Anmerkung M P

замечать bemerken, feststellen; anmerken, notieren

замещать substituieren, ersetzen C

замещение Substitution, Ersatz, Austausch C

замкнутый geschlossen, abgeschlossen; besetzt; exklusiv M P

замкнуть s. замыкать

замыкание Schluß, Abschluß M

замыкать schließen, abschließen M P

занимать(ся) einnehmen, belegen; (Instr sich beschäftigen, interessieren)

занять(ся) s. занимать(ся)

запах Geruch, Duft C

записать s. записывать

записывать aufschreiben, anschreiben, registrieren, notieren; aufzeichnen, speichern

запись -и Registrierung, Aufzeichnung; Speicherung; Schreibweise M

заполнение Füllung, Auffüllung, Ausfüllung; Vollendung C

заполнить s. заполнять

заполнять füllen, auffüllen, ausfüllen; vollenden P C

запоминать speichern, aufzeichnen; registrieren; eintragen; schreiben M

запомнить s. запоминать

запятая -ой Komma M

заранее rechtzeitig; im voraus; vor- M

заряд Ladung; Laden, Aufladen P C

зарядить s. заряжать

заряжать laden, aufladen P

заряженный geladen; Ladungs- P

засвидетельствовать s. свидетельствовать

заставить s. заставлять

заставлять zwingen, nötigen; veranlassen P

затем dann, danach, später; deshalb

затрата Aufwand, Bedarf; Ausgabe C

затруднить s. затруднять

затруднять erschweren, schwierig machen, schwerfallen C

затухание Abschwächung, Dämpfung; Abklingen, Erlöschen P

звук Laut, Ton; Schall P

звуковой akustisch; Laut-, Ton-, Schall- P

здесь hier, hierbei

земля Erde P

зеркало Spiegel; Spiegelung P

знак Zeichen; Vorzeichen; Symbol; Schriftzeichen, Buchstabe

знаковый Zeichen-; Symbol- M

знакомый bekannt M

знать wissen; kennen; können

значение Bedeutung, Sinn; Wert, Größe, Betrag

значит folglich, also

значительный beträchtlich, bedeutend, wichtig

значить bedeuten, gelten P

зона Zone, Gebiet, Bereich; Schicht M P

зрение Sehen; Gesichtskreis; с точки зрения vom Standpunkt M P

2*

И

и und; auch и . . . и sowohl . . . als auch

игла́ Nadel C

игра́ть spielen P C

идеа́л Ideal M

идеа́льный ideal; rein, Ideal-

идентифика́тор Name, Bezeichnung M

иде́я Idee, Gedanke, Grundgedanke; Einfall P

идти́ иду́, идёт gehen, kommen, laufen; verlaufen, führen; eintreten; vor sich gehen

из Gen aus; von

избы́ток Übermaß, Überschuß; Überfluß; Rest C

изве́стный bekannt; gewiß

и́звесть -и Kalk C

извлека́ть extrahieren, herausziehen, entziehen; entfernen; ziehen C

извле́чь s. извлека́ть

изготовле́ние Herstellung, Fertigung; Zubereitung; Produktion C

из-за Gen wegen, infolge; hinter . . . hervor C

излага́ть darlegen, wiedergeben, berichten; fassen P

изложи́ть s. излага́ть

излуче́ние Emission, Strahlung, Abstrahlung; Radiation; Emanation P C

измене́ние Änderung, Veränderung; Wechsel, Tausch; Variation

измени́ть s. изменя́ть

изменя́ть ändern, verändern, wechseln, tauschen; variieren

измере́ние Messung; Abmessung, Ausdehnung, Dimension

измери́мый meßbar M

изме́рить s. измеря́ть

измеря́ть messen P C

изобража́ть darstellen, schildern; zeigen; spiegeln, abbilden

изображе́ние Darstellung, Schilderung; Projektion; Figur

изобрази́ть s. изобража́ть

изойти́ s. исходи́ть

изоли́ровать -ую, -ует isolieren P

изоля́тор Isolator, Isolierraum P

изоме́рный isomer C

изометри́ческий isometrisch M

изоморфи́зм Isomorphismus, Isomorphie M

изомо́рфный isomorph M

изуча́ть untersuchen, erforschen; studieren

изуче́ние Untersuchung; Studium

изучи́ть s. изуча́ть

и́ли oder; и́ли . . . и́ли entweder . . . oder

и́менно gerade, eben; а и́менно nämlich, und zwar

име́ть(ся) -е́ю, -е́ет haben, besitzen; (vorhanden sein); име́ть ме́сто gelten; stattfinden; vorhanden sein

и́мпульс Impuls, Antrieb, Stoß M P

ина́че anders; sonst M

инвариа́нтный invariant M

и́ндекс Index; Kennzeichnungszahl; Ablesemarke

индика́тор Indikator, Anzeiger; Meßuhr C

индукти́вный induktiv P

инду́кция Induktion P

индуци́ровать -ую, -ует induzieren, künstlich erzeugen M P

ине́рция Indolenz, Trägheit, Beharrungsvermögen P

иногда́ manchmal, bisweilen, zuweilen, von Zeit zu Zeit M P

ино́й anderer; jener; manch einer

институ́т Institut, Institution, Hochschule *C*

интегра́л Integral

интегра́льный integral; Integral- *M*

интегри́рование Integrieren, Integration; Mittelwertmessen

интегри́ровать -ую, -ует integrieren; mitteln *M P*

интенси́вность -и Intensität, Stärke; Ergiebigkeit *P C*

интенси́вный intensiv *P*

интерва́л Intervall, Zwischenraum; Zwischenzeit, Pause *M C*

интере́с (в *Präp*) Interesse (an) *M C*

интере́сный interessant *C*

интересова́ть -у́ю, -у́ет interessieren *M*

интерференцио́нный Interferenz- *P*

информа́ция Information *M*

инфракра́сный infrarot *C*

ио́д Iod *C*

ио́дистый iodhaltig, -iodid *C*

ио́н Ion *P C*

иониза́ция Ionisierung *C*

ио́нный ionisch; Ionen- *C*

иска́ть ищу́, и́щет suchen *M*

исключа́ть (из *Gen*) eliminieren; ausschließen (von) *M*

исключе́ние Eliminierung, Ausschluß; Ausnahme *C*

исключи́тельный ausschließlich; Ausnahme- *M*

исключи́ть s. исключа́ть

иско́мый gesucht, unbekannt *M P*

и́скра Funke *P*

испаре́ние Vaporisation, Verdampfung; Ausdampfung, Bedampfung *P C*

исполне́ние Ausführung *M*

испо́льзование Nutzung, Verwendung, Gebrauch; Anwendung; Verwertung *M C*

испо́льзовать -ую, -ует nutzen, verwenden, gebrauchen; anwenden, verwerten

исправле́ние Korrektur, Korrektion *M*

испыта́ние Prüfung, Untersuchung, Probe, Versuch *C*

испыта́ть s. испы́тывать

испы́тывать prüfen, nachprüfen, kontrollieren *P*

иссле́дование Erforschung, Untersuchung, Studium; Analyse, Probe; Studie

иссле́довать -ую, -ует erforschen, untersuchen, studieren; analysieren *P C*

и́стинный echt, wahr, tatsächlich *M P*

исто́чник Quelle, Ursprung; Quellpunkt *P C*

исходи́ть -хожу́, -хо́дит (из *Gen*) ausgehen (von); entstammen *M P*

исхо́дный Ausgangs-, Bezugs-

исчеза́ть verschwinden, verlorengehen *P C*

исче́знуть s. исчеза́ть

ита́к also, nun, somit, folglich *M P*

их ihr; ihre *Possessivpronomen*

К

к *Dat* zu, gegen, um; an; auf; gegenüber

ка́ждый jeder

каза́ться кажу́сь, ка́жется scheinen, aussehen, den Anschein haben *P*

как (и) wie (auch), was; als; seit;

как...так и sowohl ... als auch

какóй welcher, was für ein

какóй-либо ein, irgendein, ein beliebiger

какóй-нибудь irgendein, ein beliebiger

какóй-то irgendein, ein bestimmter

кáли Kali, Kalium(mon)oxid; Kalidünger *C*

кáлий Kalium *C*

калóрия Kalorie, Wärmeeinheit *C*

кáльций Kalzium *C*

канонический kanonisch *M*

капилляр Kapillare, Haarröhrchen *C*

кáпля Tropfen *C*

карбонáт Karbonat *C*

карбонильный Karbonyl- *C*

картина Bild *P*

касáтельная -ой Tangente *M P*

касáтельный tangential, berührend; Tangenten-, Berührungs- *M P*

касáться *Gen* berühren, streifen; betreffen, angehen *M C*

катализáтор Katalysator, Kontakt, Kontaktstoff *C*

каталитический katalytisch *C*

категóрия Kategorie *M*

катиóн Kation *C*

катóд Kathode *P C*

каучýк Kautschuk, Gummi *C*

кáчественный qualitativ *C*

кáчество Qualität, Eigenschaft; Güte; Beschaffenheit; в кáчестве als

квадрáт Quadrat

квадрáтный quadratisch; Quadrat- *M P*

квадратýрный Quadratur- *M*

квáнтовый Quanten- *P C*

кетóн Keton C

килокалóрия Kilokalorie *C*

кинéтика Kinetik *C*

кинетический kinetisch; Bewegungs- *P C*

кипéние Kochen, Sieden; Gasen; Verdampfen *C*

кипéть -плю, -пит kochen, sieden; gasen *C*

кипятить -чý, -тит kochen, abkochen, sieden *C*

кипячéние Kochen, Abkochen, Aufkochen, Sieden *C*

кислорóд Oxygenium, Sauerstoff *C*

кислотá Acidum, Säure *C*

кислóтный säurehaltig; Säure- *C*

кислый sauer *C*

класс Klasse *M*

классический klassisch *P*

класть кладý, кладёт legen *P*

книга Buch *M*

кнóпка Knopf, Taste *M*

кóбальт Cobalt *C*

ковалéнтный kovalent *C*

когдá wenn, als; wann

код Code, Schlüssel *M*

колебáние Schwankung, Schwingung, Oszillation; Pendeln, Schaukeln

колебáтельный Schwingungs-, Schwankungs-; Oszillator- *P*

колебáть(ся) -блю, -блет zum Schwingen bringen; (schwingen, schwanken, oszillieren) *P*

количественный quantitativ, mengenmäßig, zahlenmäßig *P C*

количество Quantität, Quantum, Anzahl, Menge; Inhalt

кольцó Ring *M C*

комáнда Befehl *M*

комбинáция Kombination *M*

кóмнатный Zimmer- *C*

коммутативный kommutativ, vertauschbar *M*

кóмплекс Komplex, Gesamtheit, Umfang *M C*

кóмплексный komplex; umfassend *M C*

комплексообразовáние Komplexbildung, Bildung von Komplexverbindungen *C*

компоне́нт Komponente; Anteil, Bestandteil, Gemengteil

конгруе́нция Kongruenz *M*

конденса́тор Kondensator *P*

конденса́ция Kondensation, Verdichtung; Wasserniederschlag *C*

коне́ц конца́ Ende, Schluß, Abschluß; Spitze

коне́чно selbstverständlich, natürlich, gewiß, freilich, allerdings

коне́чный endlich, begrenzt; End-, Abschluß-

конкре́тный konkret *M P*

конста́нта Konstante, Festwerte, gleichbleibende Größe *M C*

констру́кция Konstruktion *M*

конта́кт Kontakt, Verbindung, Berührung *M P*

конта́ктный Kontakt-, Berührungs- *P*

контроли́ровать -ую, -ует kontrollieren *C*

контро́ль Kontrolle, Prüfung *M*

контро́льный Kontroll-, Prüf- *M*

конту́р Kontur, Rand, Umriß; Profil; Kreis, Kreislinie; Bildgrenze *M P*

ко́нус Konus, Kegel *M P*

конфигура́ция Konfiguration, Anordnung, Gebilde *P C*

концентрацио́нный Konzentrations- *C*

концентра́ция Konzentration, Anreicherung, Sättigung *P C*

концентри́ровать -ую, -ует konzentrieren, anreichern *C*

конча́ть beenden, schließen *M*

ко́нчить s. конча́ть

конъю́нкция Konjunktion, logisches Produkt *M*

координа́та Koordinate; Zeiger *M P*

координа́тный Koordinaten- *P*

координи́ровать -ую, -ует koordinieren *C*

ко́рень ко́рня Radix, Wurzeln, Stamm *M P*

коро́бка Kasten, Gehäuse, Kapsel, Schachtel *P*

коро́ткий kurz

корреля́ция Korrelation, Wechselbeziehung *C*

коррозио́нный Korrosions- *C*

косну́ться s. каса́ться

кото́рый der, welcher; der wievielte

коэффицие́нт Koeffizient, Faktor, Grad *M P*

краево́й Rand-, Randwert- *M*

краси́тель Pigment, Farbe; Farbstoff, Färbemittel *C*

кра́сный rot *C*

кра́ткость -и Kürze, Knappheit *M P*

кре́мний Silicium *C*

кре́пкий stark; fest, dauerhaft, hart *C*

крива́я -о́й Kurve, Kennlinie; Diagramm; Bogen

криволине́йный krummlinig, gekrümmt *P*

криста́лл Kristall *P C*

кристаллиза́ция Kristallisation *C*

кристаллизова́ть -у́ю, -у́ет kristallisieren *C*

кристалли́ческий kristallin, kristallisch, kristallen; Kristall- *P C*

кро́ме *Gen* außer, ausgenommen; **кро́ме того́** außerdem

круг в кругу́ Kreis, Vollkreis, Kreisscheibe *M*

кусо́к куска́ Stück *P*

кусо́чный stückweise; Stück- *M*

Л

лампа Lampe; Röhre *M*
левый linker; Links-
лёгкий leicht
лежать лежу, лежит liegen
лемма Lemma, Hilfssatz *M*
лента Band, Streifen *M*
летучий flüchtig *C*
либо . . . либо entweder . . . oder
лиганд Ligand *C*
линеал Lineal *M*
линейка Linie; Lineal *P*
линейный linear; eindeutig,
  Linien-
линия Linie, Strecke; Achse;
  Leitung
литература Literatur *C*
литературный Literatur- *C*
литий Lithium *C*
лишь nur, bloß, allein; erst;
  kaum, sobald
логический logisch *M*
локальный lokal *M*
луч Strahl, Halbgerade *M P*
любой jeder, jeder beliebige; beliebig

М

магнетик Magnetikum *P*
магний Magnesium *C*
магнитный magnetisch; Ma-
  gnet *M P*
максимальный maximal; Ma-
  ximal-, Höchst-
максимум Maximum, Höchst-
  wert
маленький klein, winzig; geringfügig, unbedeutend *P*
мало wenig
малый klein, gering

мантисса Mantisse *M*
марганец -нца Mangan *C*
марка Marke, Sorte, Gattung;
  Zeichen *C*
масло Öl; Butter *P C*
масляный ölig, fettig, butterig;
  Öl-, Fett-, Butter- *C*
масса Masse, Menge; Stoff,
  Substanz *P C*
массив Massiv, Feld; Sammlung
  M
масштаб Maßstab; Ausmaß *P*
математический mathematisch
материал Material, Stoff; Werkstoff; Gut *P C*
матрица Matrix; Matrize M
машина Maschine; Automobil
  M P
машинный maschinell; Maschi-
  nen- *M*
маятник Pendel, Perpendikel *P*
медленный langsam *P C*
медный kupfern; Kupfer- *C*
медь -и Cuprum, Kupfer *P C*
между *Instr* zwischen, unter
межъядерный internuklear *C*
мелкий fein, eng, klein; niedrig
  P
менять ändern, verändern;
  wechseln, tauschen; verwandeln
мера Maß, Maßeinheit; Ausmaß,
  Grad; Maßnahme, Maßregel;
  по крайней мере mindestens,
  wenigstens; по меньшей мере
  mindestens
место Stelle, Platz, Ort
металл Metall *P C*
металлический metallisch, me-
  tallen; Metall- *P C*
метанол Methanol, Methylal-
  kohol *C*
метиловый Methyl- *C*
метод Methode, Verfahren
методика Methodik *C*
метрика Metrik *M P*
механизм Mechanismus, Vor-

richtung, Einrichtung; Triebwerk; Apparat *P C*

механика Mechanik *P*

механический mechanisch; gewohnheitsmäßig *P*

мешалка Rührer *C*

микроскоп Mikroskop *P*

минимальный minimal; Minimal-, Mindest- *M P*

минимум Minimum *M P*

мнимый virtuell, vermutlich; imaginär *P*

много *Gen* viel; viele

многообразие Vielfalt, Mannigfaltigkeit *M*

многочлен Polynom *M*

множество Menge *M*

множитель Multiplikator, Faktor *M P*

модель -и Modell *P*

модуль Modul, Betrag *M*

может быть es kann sein, es ist möglich; vielleicht

можно man kann, es ist möglich

молекула Molekül, Molekel *P C*

молекулярный molekular; Molekular- *P C*

мольный Mol- *C*

молярный molar, molekular; Mol-, Molekular- *C*

момент Moment, Augenblick; Element

морфизм Morphismus *M*

мочь могу, может können, vermögen, im Stande sein; dürfen

мощность -и Leistung; Kapazität; Stärke, Intensität; Mächtigkeit *M P*

муравьиный Ameisen- *C*

мы wir

Н

на *Akk : wohin? Präp : wo?* auf, an, in; nach; zu, für; pro, je; um; mit, durch

набор Tupel; Satz; Vorrat *M*

наблюдать beobachten, überwachen *P C*

наблюдение Beobachtung; Überwachung, Beaufsichtigung, Kontrolle *P*

наблюсти s. наблюдать

навеска Einwaage, Abwägen; Aufhängung *P*

наглядный anschaulich *P*

нагревание Erwärmung, Erwärmen, Erhitzung, Erhitzen *P C*

нагревать wärmen, anwärmen, erwärmen, erhitzen *C*

нагреть s. нагревать

нагрузка Belastung *P*

над *Instr* über; an

надо es ist nötig, man muß

название *Gen* Benennung, Bezeichnung, Name, Titel

назвать(ся) s. называть(ся)

называемый genannt; **так называемый** sogenannt

называть(ся) *Instr* benennen, bezeichnen; (genannt werden, heißen)

наибольший maximal; Maximal-, Höchst-, Größt-

наилучший optimal; Best-

наименьший minimal, kleinst; Minimal-, Kleinst-

найти(сь) s. находить(ся)

накладывать superponieren *M*

наконец schließlich, letztlich zum Schluß, letzten Endes

накопление Anhäufung, Ansammlung; Akkumulation; Kondensation *C*

наливать eingießen, aufgießen *C*

наличие Existenz, Vorhandensein, Anwesenheit; Bestand

налить s. наливать

наложить s. накладывать

нанести s. наносить

наносить -ношу, -носит auftragen; eintragen; zusammen-
tragen C

наоборот umgekehrt, dagegen,
im Gegenteil M P

написать s. писать

наполнить s. наполнять

наполнять füllen, anfüllen P

напоминать (о *Präp*) erinnern
(an) M P

напомнить s. напоминать

направить s. направлять

направление Richtung; Tendenz; Strömung; Leitung

направлять richten, lenken,
steuern; schicken P

направо nach rechts; rechter-
hand P

например zum Beispiel, bei-
spielsweise

напряжение Spannung; Intensität; Anstrengung; Stärke;
Belastung

напряжённость -и Gespannt-
heit, Intensität, Stärke P

нарушать stören; zerstören;
verletzen C

нарушение Störung, Verletzung,
Verstoß; Anomalie P

нарушить s. нарушать

наряду (с *Instr*) neben; gleich

настолько so, soviel, sosehr P

настоящий gegenwärtig, jetzig,
derzeitig; wirklich, richtig;
vorliegend

наступать eintreten, kommen P

наступить s. наступать

насытить s. насыщать

насыщать saturieren, sättigen,
absättigen; imprägnieren C

насыщение Saturierung, Sättigung, Absättigung C

натрий Natrium P C

натуральный natürlich M

наука Wissenschaft

находить(ся) -хожу, -ходит
finden, feststellen, entdecken;
(sich befinden)

нахождение Finden, Auffinden;
Fund M P

начало Anfang, Beginn, Ursprung; Prinzip, Grundlage;
Start

начальный Anfangs-; Elemen-
tar- P

начать(ся) s. начинать(ся)

начинать(ся) anfangen, beginnen, einleiten; (anfangen, beginnen)

наш unser

не nicht; kein

небольшой nicht groß, klein,
gering P C

невеликий nicht groß, klein P

невозможный unmöglich; uner-
träglich P C

недостаток -тка Mangel, Fehler
M

независимая -ой Unabhängige
M

независимость -и Unabhängig-
keit M

независимый unabhängig, selbständig M P

незначительный unbedeutend,
geringfügig P C

неизвестный unbekannt; fremd
C

неизменный unveränderlich,
stabil, beständig, stet, fest,
konstant P

нейтральный neutral C

некоторый ein gewisser, ein bestimmter, ein; *Pl* einige

нельзя man kann nicht, man
darf nicht

ненасыщенный ungesättigt C

необходимость -и Notwendigkeit M

необходи́мый notwendig

неопределённость -и Unbestimmtheit, Ungewißheit, Unschärfe *P*

неотрица́тельный nichtnegativ *M*

неподви́жный unbeweglich, starr, fest *P*

непо́лный unvollständig *M*

непосре́дственный unmittelbar, direkt

непреде́льный ungesättigt *C*

непреры́вность -и Stetigkeit, Kontinuität *M*

непреры́вный stetig, kontinuierlich, ununterbrochen, laufend; Dauer-

непусто́й nichtleer *M*

нера́венство Ungleichung; Ungleichheit *M P*

нераствори́мый unlöslich *C*

не́сколько *Gen* etwas, ein wenig; einige, mehrere

несмотря́ (на *Akk*) ungeachtet, trotz

несовпаде́ние Nichtübereinstimmung *M*

несто́йкость -и Unbeständigkeit *C*

нет *Gen* kein

нетру́дно unschwer, leicht *M*

неусто́йчивый unbeständig, instabil, labil *P*

нечётный ungerade *M*

ни nicht; kein; **ни . . . ни** weder . . . noch

ни́же *Gen* unten; unter; kleiner; tiefer, niedriger; nach unten, abwärts

ни́жний unter, unterst; Unter-

ни́зкий niedrig, nieder, tief *P C*

никако́й kein, keinerlei

нитра́т Nitrat *C*

нить -и Faden *P*

но aber, jedoch; sondern; und

но́вый neu; Neu-, Neo-

но́мер *Pl* номера́ Zahl, Nummer *M*

но́рма Norm; Bewertung *M*

норма́ль Normale *M P*

норма́льный normal, üblich; Normal-

нормирова́ть -у́ю, -у́ет normieren *M*

носи́ть ношу́, но́сит tragen; bringen

нужда́ться (в *Präp*) brauchen, benötigen *M*

ну́жно man muß, man soll, es ist nötig

ну́жный notwendig, nötig *M*

нулево́й Null- *P C*

О

о *Präp* über; von; an; gegen; für; um

обеспе́чивать sichern, garantieren *M*

обеспе́чить s. обеспе́чивать

обкла́дка Belag, Belegung; Verkleidung *P*

облада́ть *Instr* verfügen, besitzen, haben

о́блако Wolke *C*

о́бласть -и Gebiet, Bereich, Sphäre, Raum, Zone; Band

обменя́ть s. меня́ть

обмо́тка Wicklung, Windung *P*

обнаруже́ние Nachweis, Feststellung *M*

обнару́живать nachweisen, feststellen, zeigen; entdecken, auffinden

обнару́жить s. обнару́живать

обобща́ть verallgemeinern *M*

обобще́ние Generalisierung, Verallgemeinerung *M*

обобщи́ть s. обобща́ть

обозначать bezeichnen, benennen; kennzeichnen, markieren

обозначение Bezeichnung, Benennung; Kennzeichnung, Markierung *M P*

обозначить s. обозначать

оболочка Hülle, Haut, Schale, Mantel; Schicht; Membrane; Überzug *C*

оборот Umdrehung, Umlauf; Wendung, Schwenkung; Kehrseite *P*

обрабатывать bearbeiten, verarbeiten *C*

обработать s. обрабатывать

обработка Bearbeitung, Verarbeitung, Behandlung, Aufbereitung; Auswertung *P C*

образ Art, Weise; Form, Gestalt; Figur; Bild; **главным образом** hauptsächlich; **таким образом** so, auf diese Weise; also, folglich

образец -зца Probe, Muster; Modell; Norm *C*

образование Erzeugung, Entstehung; Bildung, Ausbildung *P C*

образовать -ую, -ует erzeugen, schaffen; bilden, ausbilden

образующая -ей Generatrix, Erzeugende; Mantellinie *M*

обратимый reversibel, umkehrbar; rückläufig *C*

обратить(ся) s. обращать(ся)

обратный reziprok, invers, umgekehrt; Umkehr-, Rück-

обращать(ся) richten, lenken; wenden; (sich zuwenden; umkehren; werden) *M P*

обращение Konvertierung, Umkehrung; Hinwendung *M*

обстоятельство Umstand; *Pl* Verhältnisse *M P*

обусловить s. обусловливать

обусловливать bedingen, hervorrufen *P C*

обход Umlauf *M*

общий allgemein; gemeinsam; Gesamt-

общность -и Allgemeinheit, Gemeinsamkeit *M*

объединить s. объединять

объединять vereinigen, verschmelzen *M P*

объект Objekt *M*

объём Volumen, Rauminhalt; Umfang *P C*

объёмный volumetrisch; Volumen-, Raum- *P*

объяснение Erklärung, Erläuterung, Auslegung *P*

объяснить s. объяснять

объяснять erklären, erläutern, auslegen *P C*

обычный gewöhnlich, üblich

обязательный obligatorisch, notwendig *M*

ограничение Begrenzung, Beschränkung, Einschränkung *M P*

ограниченность -и Begrenztheit, Beschränktheit *M*

ограниченный begrenzt, beschränkt *M*

ограничивать begrenzen, beschränken, einengen, einschränken

ограничить s. ограничивать

один ein; nur, allein; **один и тот же** ein und derselbe; **одни** die einen

одинаковый identisch, gleich, derselbe

одиночный separat, einzeln; Einzel- *M*

однако aber, jedoch, hingegen

одновременный simultan, gleichzeitig

однозначный eindeutig; einstellig, einwertig; gleichbedeutend, gleichgeltend *M P*

одноимённый gleichnamig *P*

одномерный eindimensional *M P*

одноосно́вный einbasig, einba-
sisch *C*

одноразря́дный einstellig *M*

однородный homogen, gleichartig, verwandt *M P*

одноти́пность -и Gleichartig-
keit *M*

ожида́ть *Gen* warten, erwarten;
erhoffen *C*

означа́ть bedeuten; bezeichnen
M P

оказа́ть(ся) s. ока́зывать(ся)

ока́зывать(ся) leisten, ausüben,
erweisen, zeigen; (sich erweisen, sich zeigen, sein)

о́кисел Oxid *allgemeine Bezeichnung einer Sauerstoffverbindung*
C

окисле́ние Oxydation, Oxydierung *C*

окисли́тель Oxydans, Oxydationsmittel, Oxydiermittel *C*

окисли́тельный oxydierend,
oxydativ; Oxydations- *C*

окисли́ть s. окисля́ть

окисля́ть oxydieren *C*

о́кись -и Oxid *1. wenn nur eine
Verbindung des Elements mit
O bekannt ist; 2. Bezeichnung
für höhere Oxydationsstufen
eines Elements, im Gegensatz zu*
за́кись *C*

о́коло *Gen* neben, bei, an; etwa,
ungefähr, gegen; um . . .
herum

оконча́ние Ende, Schluß *M*

оконча́тельный endgültig,
schließlich *M*

окра́сить s. окра́шивать

окра́ска Färbung, Färben;
Farbe, Farbton; Anstrich *C*

окра́шивание Färben, Anstreichen *C*

окра́шивать färben, anstreichen
C

окре́стность -и Umgebung,
Nachbarschaft *M*

округле́ние Rundung, Abrun-
dung *M*

окру́жность -и Kreis, Kreislinie,
Kreisumfang; Umkreis *M P*

о́лово Zinn *C*

он er

она́ sie

они́ sie *Pl*

оно́ es

опера́нд Operand *M*

операти́вный operativ; Opera-
tions-, Arbeits- *M*

опера́тор Operator; Anweisung
M P

опера́торный Operator-, Opera-
toren- *M*

опера́ция Operation; Verknüpfung; Arbeit, Arbeitsgang; Ver-
richtung *M C*

описа́ние Beschreibung *M*

описа́ть s. опи́сывать

опи́сывать beschreiben, umschreiben; inventarisieren

определе́ние Definition; Determination, Bestimmung, Feststellung; Messung

определённость -и Definitheit,
Bestimmtheit; Entschieden-
heit *M P*

определённый definit, be-
stimmt; erklärt *M*

определи́тель Determinante *M*

определи́ть s. определя́ть

определя́ть definieren; determinieren, bestimmen

о́птика Optik *P*

оптима́льный optimal *M*

опти́ческий optisch *P C*

опуска́ть senken, herablassen;
auslassen, weglassen *P C*

опусти́ть s. опуска́ть

о́пыт *nur Sg* Erfahrung, Erfahrungen; *Sg und Pl* Experiment,
Versuch, Probe *P C*

о́пытный erfahren; experimentell, empirisch; Versuchs-
C

орби́та Bahn Kreisbahn, Umlaufbahn *P C*

орбита́льный Orbital- *C*

органи́ческий organisch *C*

ордина́та Ordinate *M C*

ориента́ция Orientierung *P*

ортогона́льность -и Orthogonalität *M*

ортогона́льный orthogonal, rechtwinklig *M*

ортонорми́рованный orthonormiert *M*

осади́ть s. осажда́ть

оса́док -дка Niederschlag, Bodensatz, Fällprodukt *C*

осажда́ть präzipitieren, fällen, ausfällen, niederschlagen, abscheiden, ausscheiden *C*

осажде́ние Fällen, Fällung, Ausfällen; Niederschlag *C*

ослабле́ние Schwächung, Abschwächung; Milderung; Entspannung *C*

осно́ва Basis, Grundlage; Element; лежа́ть в осно́ве zu Grunde liegen; класть/положи́ть в осно́ву zu Grunde legen

основа́ние Basis, Grundlage; Base; Grund, Begründung; Grundlinie, Grundfläche

основа́ть(ся) s. осно́вывать(ся)

основно́е -óго Hauptsache, Hauptsächliches; в основно́м hauptsächlich

основно́й hauptsächlich, grundlegend; Basis-, Grund-, Haupt-

осно́вный basisch *C*

осно́вывать(ся) gründen, begründen; (basieren, beruhen, fußen) *P C*

осо́бенность -и Besonderheit

осо́бенный speziell, spezifisch, besonders *P C*

осо́бый speziell, spezifisch; singulär; Spezial-, Sonder-

остава́ться -стаю́сь, -стаётся

bleiben, verbleiben, zurückbleiben

оста́вить s. оставля́ть

оставля́ть lassen, stehenlassen; hinterlassen; reservieren *M C*

остально́й übrig; anderer *M C*

остана́вливать(ся) unterbrechen; konzentrieren, richten; (stehenbleiben) *M*

останови́ть(ся) s. остана́вливать(ся)

оста́ток -тка Radikal; Gruppe; Rest, Rückstand; Abfall *C*

оста́точный restlich, remanent; Rest- *M P*

оста́ться s. остава́ться

осторо́жный vorsichtig, behutsam *C*

острие́ Schneide; Spitze; Schärfe *P*

о́стрый scharf; spitz; fein; gespannt, zugespitzt; heftig *P*

осуществи́ть s. осуществля́ть

осуществля́ть realisieren, verwirklichen, durchführen

ось -и Achse, Mittellinie; Gerade

от *Gen* von, aus; vor, gegen

отбра́сывать weglassen; abbrechen; verwerfen *M*

отбро́сить s. отбра́сывать

отвести́ s. отводи́ть

отве́т Antwort *M*

отве́тить s. отвеча́ть

отвеча́ть antworten, beantworten; verantworten; entsprechen

отводи́ть -вожу́, -во́дит ableiten, zuweisen *M*

отго́нка Destillation; Abtreiben *C*

отдава́ть -даю́, -даёт geben, abgeben, zurückgeben *P*

отда́ть s. отдава́ть

отдели́ть s. отделя́ть

отде́льный diskret; partikulär; einzeln; Einzel-, Separat-, Sonder-

отделя́ть trennen, absondern, scheiden, ausscheiden *M C*

отклоне́ние Abweichung, Ablenkung; Ausschlag; Deklination *P C*

открыва́ть öffnen, aufmachen; eröffnen; entdecken, nachweisen *C*

откры́ть s. открыва́ть

откры́тый offen *M*

отку́да woher, von wo; woraus

отлича́ть(ся) unterscheiden, auszeichnen, hervorheben; (variieren)

отли́чие Unterschied; **в отли́чие от** im Unterschied zu

отличи́ть(ся) s. отлича́ться

отли́чный verschieden, unterschiedlich; ausgezeichnet *M P*

отме́тить s. отмеча́ть

отмеча́ть erwähnen, bemerken, feststellen; notieren

отнести́(сь) s. относи́ть(ся)

относи́тельно *Gen* in bezug auf, bezüglich, hinsichtlich; relativ, verhältnismäßig

относи́тельный relativ, verhältnismäßig; Bezugs-

относи́ть(ся) -ношу́, -но́сит zuschreiben, zurechnen, beziehen; wegbringen; (gehören, zählen zu)

отноше́ние Beziehung, Bezug; Verhältnis, Relation, Quotient; Verhalten

отобража́ть abbilden; transformieren *M*

отображе́ние Abbildung; Transformation *M*

отобрази́ть s. отобража́ть

отождестви́ть s. отождествля́ть

отождествля́ть identifizieren *M*

отпуска́ние Abfall, Abfallen *M*

отража́ть reflektieren, widerspiegeln, zurückwerfen *P C*

отраже́ние Reflexion, Widerspiegelung, Abspiegelung

отрази́ть s. отража́ть

отре́зок -зка Segment, Abschnitt, Strecke, abgeschlossenes Intervall *M P*

отрица́тельный negativ

отсу́тствие Fehlen, Abwesenheit, Mangel *P C*

отсу́тствовать -ую, -ует fehlen, nicht vorhanden sein

отсчёт Ablesung; Zählung; Indikation, Anzeige; **систе́ма отсчёта** Bezugssystem *P*

отсю́да von hier, hieraus; woraus

отта́лкивание Abstoßung, Zurückstoßen *P*

отта́лкивать abstoßen, wegstoßen *P*

оттолкну́ть s. отта́лкивать

отфильтро́вывать abfiltern *C*

отщепи́ть s. отщепля́ть

отщепля́ть abspalten, abtrennen, abscheiden; entziehen *C*

отыска́ние Ermittlung, Suche, Aufsuchen *M P*

охарактеризова́ть s. характеризова́ть

охвати́ть s. охва́тывать

охва́тывать erfassen, umfassen, ergreifen *P*

охлажде́ние Kühlung, Abkühlung; Erkalten *P C*

оце́нивать auswerten, bewerten, beurteilen, einschätzen, würdigen; schätzen *M C*

оцени́ть s. оце́нивать

оце́нка Auswertung, Bewertung, Beurteilung, Einschätzung; Schätzung *M*

очеви́дный offensichtlich, offenbar, offenkundig

о́чень sehr

о́чередь -и Folge, Reihenfolge; **в пе́рвую о́чередь** in erster Linie; **в свою́ о́чередь** seinerseits

очи́стить s. очища́ть

очи́стка Reinigung, Säuberung, Klärung; Raffinieren; Wäsche *C*

очищáть reinigen, säubern, klären; raffinieren; waschen; läutern; schälen; entleeren *C*

ошибка Fehler, Irrtum, Versehen; Regelabweichung

П

пáдать fallen *P*

падéние Fallen, Sinken, Abfall, Sturz; Senkung *P*

пáмять -и Speicher; Gedächtnis *M*

пар *Pl* пары Dampf *P C*

пáра *Pl* пáры Paar; Satz; ein paar, einige

парáграф Paragraph, Absatz *M P*

параллéльный parallel, gleichlaufend; entsprechend; Parallel- *M P*

парáметр Parameter *M P*

парообрáзный dampfförmig *C*

пасть s. пáдать

первичный primär, ursprünglich; Primär- *P C*

первоначáльный ursprünglich, anfänglich; Anfangs-, Grund-, Vor- *P C*

переадресáция Adressenänderung, Adressenmodifikation *M*

перевести s. переводить

перевóд Überführung, Übertragung; Umwandlung; Übersetzung *M*

переводить -вожý, -вóдит überführen, übertragen; umwandeln; übersetzen

перегиб Biegung; Umbiegung; Knick, Knickung; Falzung *C*

перегнáть s. перегонять

перегóнка Destillation, Destillieren; Abtreibung, Abziehen *C*

перегонять destillieren; abtreiben *C*

пéред *Instr* vor

передавáть -даю, -даёт übergeben, übermitteln, überführen, übertragen *M*

передáть s. передавáть

передáча Übertragung *M*

передвигáть verschieben, versetzen, weiterrücken *P*

передвинуть s. передвигáть

перейти s. переходить

пéрекись -и Peroxid *C*

перекрывáние Überdeckung, Überlagerung *C*

переменная -ой Variable, Veränderliche; Funktion *M P*

переменный variabel, veränderlich; Wechsel-, Dreh-

переместить s. перемещáть

перемешáть s. перемéшивать

перемéшивание Vermischen, Vermengen; Kneten; Durchwirbeln *C*

перемéшивать vermischen, vermengen; kneten; durchwirbeln *C*

перемещáть versetzen, verschieben *P*

перемещéние Verschiebung, Verlagerung, Umstellung, Translokation *P*

перенести s. переносить

перенóс Übertrag, Übertragung; Transport; Bewegung, Wanderung; Translation

переносить -ношý, -нóсит übertragen; transportieren *P C*

переписáть s. переписывать

переписывать abschreiben, umschreiben; schreiben, einlesen *M P*

переполнéние Überschreitung, Überlauf *M*

пересекáть überschneiden, kreuzen, schneiden

пересечéние Überschneidung,

Durchschnitt, Schnitt; Kreuzung *M P*

пересе́чь s. пересека́ть

перестано́вка Alternation, Permutation, Zeichenwechsel, Vertauschung, Umstellung, Verstellung *M*

пересы́щенный übersättigt *C*

перехо́д Übergang, Umschlagen, Sprung

переходи́ть -хожу́, -хо́дит übergehen, überschreiten, übertreten

перечи́слить s. перечисля́ть

перечисля́ть abzählen, aufzählen *M*

пери́од Periode, Phase; Zyklus, Umlauf; Zeitabschnitt; Schwingungsdauer

периоди́ческий periodisch, regelmäßig wiederkehrend; Perioden-

перпендикуля́рный perpendikulär, senkrecht, normal *P*

перфока́рта Lochkarte *M*

печь -и Ofen *C*

пик Spitze; Scheitelwert *C*

писа́ть пишу́, пи́шет schreiben, hinschreiben; drucken

пла́вающий schwimmend, gleitend, beweglich; Gleit- *M*

пла́вить -влю, -вит schmelzen, erschmelzen, einschmelzen; verschmelzen *C*

плавле́ние Schmelzen *C*

пла́мя -ени Flamme *C*

пласти́на Platte, Scheibe, Lamelle *P*

пласти́нка Platte, Plättchen, Blättchen, Scheibe, Lamelle *P C*

пла́тина Platin *C*

пла́тиновый Platin- *C*

плёнка Film, Häutchen, Schicht, Folie, Überzug *P C*

пло́ский eben, flach, platt; Planar-, Flach-, Flächen-; Scheiben- *P C*

пло́скость -и Ebene, Fläche, Gebiet

пло́тность -и Densität, Dichte, Dichtigkeit; Porenfreiheit

пло́тный dicht *M*

пло́щадь -и Fläche, Flächeninhalt; Platz

плу́нжер Plunscher, Plunger, Tauchkolben *P*

по *Dat* laut, nach, gemäß; entlang; per; je; auf, in; über; durch; *Akk* bis; *Präp* nach

побо́чный Neben- *C*

поведе́ние Verhalten; Benehmen *C*

поверну́ть s. повора́чивать

пове́рхностный oberflächlich; Oberflächen- *P C*

пове́рхность -и Oberfläche, Fläche

по-ви́димому anscheinend, augenscheinlich; voraussichtlich

повлия́ть s. влия́ть

повора́чивать umdrehen, wenden *P*

поворо́т Drehung, Wendung *P*

повторе́ние Repetition, Iteration, Wiederholung *M*

повтори́ть s. повторя́ть

повторя́ть wiederholen *P C*

повы́сить(ся) s. повыша́ть(ся)

повыша́ть(ся) erhöhen, steigern, heben; (zunehmen, steigen) *P*

повыше́ние Erhöhung, Steigerung; Zunahme, Anstieg *P C*

поглоти́ть s. поглоща́ть

поглоща́ть sorbieren, absorbieren, aufnehmen, schlucken *C*

поглоще́ние Sorption, Absorption, Aufnahme *C*

погре́шность -и Fehler *M*

под *Akk: wohin? Instr: wo?* unter; in, bei; gegen; in der Nähe von

подбира́ть aufheben; anpassen *P*

подверга́ть unterziehen, unterwerfen, aussetzen *P C*

подве́ргнуть s. подверга́ть

подве́сить s. подве́шивать

подвести́ s. подводи́ть

подве́шивать unterhängen, anhängen *P*

подвижно́й beweglich, rollend; fahrbar; Verkehrs- *P C*

подводи́ть -вожу́, -во́дит heranführen, zuführen *P*

подгру́ппа Subgruppe, Untergruppe *M*

поддержа́ть s. подде́рживать

подде́рживать unterstützen; aufrechterhalten *P C*

поде́йствовать s. де́йствовать

подкисли́ть s. подкисля́ть

подкисля́ть ansäuern, sauer machen *C*

подмно́жество Untermenge, Teilmenge *M*

поднима́ть heben, emporheben; erhöhen, steigern *P*

подня́ть s. поднима́ть

подо́бный analog, ähnlich, gleichartig

подобра́ть s. подбира́ть

подойти́ s. подходи́ть

подпрогра́мма Unterprogramm, Teilprogramm *M*

подпростра́нство Unterraum, Teilraum *M*

подразумева́ть darunter verstehen, im Sinne haben *P*

подро́бный detailliert, ausführlich, eingehend, genau

подста́вить s. подставля́ть

подставля́ть (в *Präp*) substituieren, ersetzen, einsetzen, vertauschen; unterstellen, untersetzen

подстано́вка Substitution, Ersatz, Austausch *M*

подсчита́ть s. подсчи́тывать

подсчи́тывать rechnen, berechnen; zusammenzählen *P*

подтверди́ть s. подтвержда́ть

подтвержда́ть bestätigen, bekräftigen *C*

подхо́д Herangehen, Behandlung, Betrachtung, Ansatz; Methode *M*

подходи́ть -хожу́, -хо́дит (к *Dat*) herangehen, behandeln, betrachten; passen, entsprechen *M*

подчёркивать unterstreichen, hervorheben, betonen *C*

подчеркну́ть s. подчёркивать

подчини́ть s. подчиня́ть

подчиня́ть unterordnen; beranden *M*

подъём Hub, Hebung; Anstieg, Aufstieg; Schwung; Aufschwung *P*

позво́лить s. позволя́ть

позволя́ть gestatten, erlauben, zulassen

поиска́ть s. иска́ть

пойти́ s. идти́

пока́ während, solange; bis, vorläufig, einstweilen; пока́ не solange nicht, bevor, ehe

показа́ть s. пока́зывать

пока́зывать zeigen, aufzeigen; hinweisen; nachweisen

поко́иться ruhen, beruhen, basieren, fußen *P*

поко́й Ruhe *M*

полага́ть setzen; meinen, denken, annehmen

по́ле Feld, Körper

полимериза́ция Polymerisation *C*

полино́м Polynom *M*

по́лностью vollständig, völlig, ganz

полнота́ Vollständigkeit, Lückenlosigkeit *M*

по́лный voll, vollständig, ganz, total, absolut; Voll-, Gesamt-

полови́на Hälfte *P*

положе́ние Satz, These, Behauptung, Annahme; Lage, Stellung, Zustand, Beschaffenheit

положительный positiv; bestimmt, entschieden

положить s. класть, полагать

полоса Streifen, Band *M C*

полость -и Hohlraum, Hohlstelle, Höhlung *P*

полуплоскость -и Halbebene *M*

полупроводниковый Halbleiter- *M*

получать(ся) erhalten, bekommen, empfangen, gewinnen; (sich ergeben)

получение Erhalt, Gewinnung, Ermittlung, Empfang; Erzeugung; Darstellung

получить(ся) s. получать(ся)

пользоваться -уюсь, -уется *Instr* benutzen, verwenden, gebrauchen

поляризация Polarisation *P*

полярный polar; Polar- *C*

поменять s. менять

поместить s. помещать

помещать plazieren, unterbringen; hinsetzen, hinstellen

помещение Raum; Unterbringung *P*

помимо *Gen* außer, ungeachtet, abgesehen von *C*

помощь -и Hilfe, Unterstützung

понижать senken, herabsetzen, herabtransformieren, mäßigen *P C*

понижение Senkung, Herabsetzung, Verminderung; Rückgang *P*

понизить s. понижать

понимать verstehen, begreifen; sich auf etwas verstehen *M C*

понятие Begriff

понять s. понимать

попадать gelangen; treffen *M*

попасть s. попадать

поперечный transversal, quer; Transversal-, Quer- *P*

поправка Korrektur, Berichtigung, Verbesserung; Reparatur *C*

попытка Versuch *C*

пора Zeit; до сих пор bis jetzt; bis hierher *M P*

пористый porös; Poren- *P*

породить s. порождать

порождать erzeugen, erregen, nach sich ziehen *M P*

порошок -шка Pulver, Mehl *P C*

порядок -дка Ordnung, Anordnung; Folge, Reihenfolge; Grad; Größenordnung

посвятить s. посвящать

посвящать widmen *M*

поскольку da, weil, insofern als

после *Gen* nach, hinter; после того как nachdem; после этого danach

последний letzter, voriger; neuester, jüngster; Schluß-

последователь Anhänger *P*

последовательность -и Sukzession, Sequenz, Konsequenz; Folge, Reihenfolge, Kette; Folgerichtigkeit

последовательный sukzessiv, konsequent; sequentiell, aufeinanderfolgend; folgerichtig; Serien-, Folge- *M*

последовать s. следовать

последующий folgend; erneut; Nach-

послужить s. служить

посмотреть s. смотреть

поставить s. ставить, поставлять

поставлять liefern, beliefern *P*

постепенный allmählich, stufenweise *P C*

посторонний nebensächlich; fremd; Neben-; Fremd- *C*

постоянная -ой Konstante, Festwert

постоянный konstant, beständig, stetig, fest; Fest-, Dauerпостро́ение Konstruktion, Bau, Aufbau; Zeichnung *M P*

постро́ить s. стро́ить

поступа́тельный fortschreitend *P*

поступа́ть eintreten; vorgehen, verfahren; zugeführt werden *M C*

поступи́ть s. поступа́ть

потенциа́л Potential, Potentialfunktion

потенциа́льный potential, potentiell; wirkend; Potential- *P C*

пото́к Strom, Strömung; Fluß, Durchfluß; Schwall *P C*

пото́м danach, dann

потому́ deshalb, darum; потому́ что weil, da

потре́бовать s. тре́бовать

почле́нно gliedweise *M*

почти́ fast, beinahe

поэ́тому deshalb, deswegen, darum

появи́ться s. появля́ться

появле́ние Erscheinen, Auftreten, Entstehen *P C*

появля́ться erscheinen, auftreten, eintreffen; entstehen *M*

пра́вило Regel, Grundsatz, Prinzip, Gesetz; Kriterium; Vorschrift *M P*

пра́вильность -и Richtigkeit, Genauigkeit *M*

пра́вильный richtig, genau; regulär, regelmäßig; eigentlich, echt *M P*

пра́вый rechter; Rechts-

пра́ктика Praxis; Praktikum *C*

практи́ческий praktisch; Nutz-

преврати́ть s. превраща́ть

превраща́ть umwandeln, verwandeln; umsetzen; überführen *M C*

превраще́ние Umwandlung, Verwandlung; Umsetzung, Überführung *M C*

превы́сить s. превыша́ть

превыша́ть überschreiten, übersteigen, übertreffen

предвари́тельный vorläufig; vorhergehend; Vor- *P C*

преде́л Limes, Grenzwert; Grenze

преде́льный äußerst, höchst; Limes-, Höchst-, Grenz-, Maximal-

предлага́ть vorschlagen, vorlegen; aufstellen, setzen

предложе́ние Vorschlag; Hypothese, Theorem, Satz; Annahme, Vermutung; Absicht

предложи́ть s. предлага́ть

предме́т Gegenstand, Sache; Fach *P*

предполага́ть voraussetzen, vermuten, annehmen; beabsichtigen

предположе́ние Hypothese, Annahme, Voraussetzung, Vermutung; Absicht

предположи́ть s. предполага́ть

предсказа́ть s. предска́зывать

предска́зывать voraussagen *P*

представи́тель Vertreter *C*

предста́вить s. представля́ть

представле́ние Vorstellung, Auffassung; Darstellung; Schreibweise

представля́ть vorstellen; darstellen; представля́ть собо́й darstellen, sein, bilden

предусма́тривать vorsehen *M*

предусмотре́ть s. предусма́тривать

предыду́щий vorhergehend, vorstehend, vorig; Vorder-

пре́жде früher, ehemals; zuerst; vor; пре́жде всего́ vor allem; пре́жде чем *Inf* bevor

пре́жний früher, vergangen, ehemalig, vorig *P*

преиму́щественный überwiegend, vorherrschend; Vorzugs- *C*

преломле́ние Refraktion, Brechung P
пренебрега́ть *Instr* vernachlässigen P
пренебре́чь s. пренебрега́ть
преобразова́ние Transformation, Substitution, Umformung, Umwandlung; Konver-
tierung; Reduktion M P
преобразова́ть s. преобразо́вы-
вать
преобразо́вывать transformieren, substituieren, umformen,
umwandeln, umgestalten, um-
bilden; konvertieren, reduzieren M P
препара́т Präparat C
претерпева́ть durchmachen, erleiden, erfahren P C
претерпе́ть s. претерпева́ть
при *Präp* bei, an; in; auf; mit;
für; при э́том dabei; dazu
приба́вить s. прибавля́ть
прибавле́ние Zugabe, Zulage;
Zunahme, Zuwachs C
прибавля́ть addieren, hinzufügen, hinzunehmen; zugeben,
zuschütten M C
приближа́ть approximieren, nähern
приближе́ние Approximation,
Näherung M
приближённый approximiert,
angenähert; Näherungs- M
прибли́зить s. приближа́ть
приблизи́тельно angenähert, ungefähr, schätzungsweise P
прибо́р Gerät, Instrument; Vorrichtung P C
приведе́ние (к *Dat*) Reduktion,
Zurückführung, Transformation M
привести́ s. приводи́ть
приводи́ть -вожу́, -во́дит reduzieren, zurückführen; anführen, nennen; herbeiführen;
bringen

приго́дный geeignet, brauchbar,
tauglich P
пригото́вить s. приготовля́ть
приготовле́ние Vorbereitung,
Aufbereitung; Ansetzen; Herstellung C
приготовля́ть vorbereiten, aufbereiten, zubereiten; ansetzen;
herstellen C
придава́ть -даю́, -даёт hinzufügen, zugeben; zuordnen; verleihen P
прида́ть s. придава́ть
приём Verfahren, Arbeitsgang;
Annahme, Empfang P C
при́зма Prisma P C
при́знак Kriterium, Merkmal,
Kennzeichen M
прийти́ s. приходи́ть
прилага́ть anwenden, anlegen;
beifügen P
приложи́ть s. прилага́ть
примене́ние Anwendung, Ver
wendung, Gebrauch
примени́мость -и Anwendbar-
keit, Verwendbarkeit P
примени́мый anwendbar, ver-
wendbar, tauglich P
примени́ть s. применя́ть
применя́ть anwenden, verwenden, gebrauchen
приме́р Beispiel
приме́рно ungefähr, annähernd;
beispielhaft, mustergültig C
при́месь -и Beimengung, Zusatz,
Fremdstoff, Begleitstoff, Verunreinigung C
принадлежа́ть gehören M P
принима́ть annehmen, empfangen, bekommen; einnehmen
при́нцип Prinzip, Grundsatz,
Grundlage
принципиа́льный prinzipiell M
приня́ть s. принима́ть
приобрести́ s. приобрета́ть
приобрета́ть erwerben, erlangen, gewinnen P C

приписа́ть s. припи́сывать

припи́сывать zuschreiben; eintragen, registrieren P

прираще́ние Inkrement, Zunahme, Zuwachs M

приро́да Natur P C

присоедине́ние Anlagerung, Angliederung; Vereinigung C

присоедини́ть s. присоединя́ть

присоединя́ть anlagern, angliedern; vereinigen; addieren C

прису́тствие Vorhandensein, Anwesenheit, Gegenwart, Beisein C

притя́гивать anziehen, heranziehen, herbeiziehen; erregen; ansprechen P

притяже́ние Anziehung, Anziehungskraft P

притяну́ть s. притя́гивать

приходи́ть(ся) -хожу́, -хо́дит Dat kommen, ankommen, gelangen; (passen, entsprechen); прихо́дится man muß

причём wobei; dabei; außerdem

причи́на Grund, Ursache

про́ба Probe; Probestück, Muster; Prüfung; Versuch C

пробега́ть durchlaufen M

пробежа́ть s. пробега́ть

пробле́ма Problem, Aufgabe M

проведе́ние Durchführung, Verwirklichung; Bau, Anlage C

прове́рить s. проверя́ть

прове́рка Prüfung, Kontrolle, Überwachung; Probe, Test; Verifizierung M P

проверя́ть prüfen, kontrollieren, überwachen; testen; verifizieren M

провести́ s. проводи́ть

про́вод Pl -á Leitung, Leiter; Draht P

проводи́мость -и Leitvermögen, Leitfähigkeit; spezifischer Leitwert; Admittanz M P

проводи́ть -вожу́, -во́дит führen, leiten; durchführen

проводни́к Leiter, elektrischer Leitungsstoff, leitendes Material P

про́волока Draht P

програ́мма Programm M

программи́ровать -ую, -ует programmieren M

продолжа́ть fortsetzen, fortdauern; verlängern

продолже́ние Fortsetzung, Fortdauer; Verlängerung M C

продо́лжить s. продолжа́ть

продо́льный longitudinal; Longitudinal-, Längs- P

проду́кт Produkt, Erzeugnis C

проекти́вный projektiv; Projektions- M

проекти́рование Projektierung; Projektion P

прое́кция Projektion; Abbildung M P

произведе́ние Produkt; Erzeugnis; Werk M P

произвести́ s. производи́ть

производи́ть -вожу́, -во́дит durchführen, vornehmen; erzeugen, produzieren; ableiten

произво́дная -ой Derivierte, Ableitung; Differentialquotient

произво́дное -ого Derivat, Abkömmling C

произво́дство Produktion, Herstellung; Ausführung; Betrieb C

произво́льность -и Willkür, Zufall M

произво́льный willkürlich, zufällig, beliebig; stochastisch M P

произойти́ s. происходи́ть

происходи́ть -хожу́, -хо́дит vor sich gehen, geschehen, eintreten

пройти́ s. проходи́ть

прока́ливать kalzinieren; aus-

glühen, durchglühen; durch-
härten *C*

прокали́ть s. прокаливать

промежу́ток -тка Intervall, Zwischenraum, Spanne; Distanz,
Entfernung, Abstand; Leerstelle *M P*

промежу́точный intermediär;
Zwischen-, Mittel- *C*

промыва́ть waschen, auswa-
schen, spülen; abschlämmen *C*

промы́ть s. промыва́ть

промы́шленность -и Industrie *C*

проника́ть durchdringen, eindringen *C*

прони́кнуть s. проника́ть

пропада́ть verschwinden, vergehen, wegkommen *P*

пропа́сть s. пропада́ть

пропио́новый Propion- *C*

пропорциона́льность -и Propor-
tionalität *P*

пропорциона́льный proportional *P*

пропуска́ть durchlassen, ein-
lassen; fortlassen; versäumen *C*

пропусти́ть s. пропуска́ть

просто́й einfach; Einfach-, Ein-
zel-, Prim-

простота́ Einfachheit *P*

простра́нственный stereome-
trisch, räumlich; Raum- *P C*

простра́нство Raum; Kammer

протека́ние Fließen, Strömung;
Durchlauf *P C*

протека́ть fließen; durchlaufen;
ablaufen; vergehen *P C*

проте́чь s. протека́ть

про́тив *Gen* gegen, zuwider;
gegenüber

проти́вный entgegengesetzt; Ge-
gen- *M*

противополо́жность -и Gegensatz, Gegenteil *C*

противополо́жный entgegengesetzt, gegenüberliegend; Ge-
gen- *M P*

противоре́чить widersprechen,
im Widerspruch stehen *M*

прото́н Proton *C*

проходи́ть -хожу́, -хо́дит durch-
gehen, passieren; ablaufen, verlaufen, erfolgen; fließen

прохожде́ние Lauf, Ablauf,
Durchgang; Fließen; Durch-
flutung *M P*

процеду́ра Prozedur, Verfahren
M

проце́нтный prozentual; Pro-
zent- *C*

проце́сс Prozeß, Vorgang, Ablauf, Verlauf; Verfahren

про́чность -и Festigkeit, Dauer-
haftigkeit *P*

прояви́ть s. проявля́ть

проявля́ть zeigen, äußern, of-
fenbaren; entwickeln

пряма́я -о́й Gerade, Linie

прямо́й gerade; direkt, unmittelbar; durchgehend

прямолине́йный geradlinig, gerade *P*

прямоуго́льник Rechteck *M*

пункт Punkt; Stelle *P*

пункти́рный punktiert *P*

пусто́й leer, hohl; taub, tot;
Schein- *M C*

пустота́ Vakuum, Leere, Leer-
raum; Hohlraum, Aussparung,
Loch *P*

пусть es sei, es seien, es möge, es
mögen, es soll, es sollen; angenommen

путём durch, mit, mittels

путь -и́ *m* Weg; Bahn; Strecke

пучо́к пучка́ Bündel, Büschel,
Strahlenbündel *P*

Р

рабо́та Arbeit, Aktivität; Betrieb, Lauf

рабо́тать arbeiten, wirken; laufen

рабо́чий Arbeits-, Betriebs- *M*

ра́венство Kongruenz, Parität, Gleichheit; Gleichung *M P*

равнове́сие Gleichgewicht *P C*

равнове́сный gleichwiegend; Gleichgewichts- *C*

равноме́рный gleichmäßig, gleichförmig; linear; Gleich- *M P*

равноси́льный äquivalent, gleichwertig *M*

ра́вный kongruent; gleich, flächengleich

равня́ться *Dat* gleich sein *M*

радика́л Radikal; Gruppe, Gittergruppe; Rest *C*

ра́диус Radius, Halbmesser; Arm

раз einmal; Mal; -mal

разба́вить s. разбавля́ть

разбавле́ние Verdünnen, Verdünnung *C*

разбавля́ть verdünnen *C*

разбива́ть(ся) (на *Akk*) zerlegen; zerschlagen; (zerfallen) (in) *M*

разбие́ние Repartition; Zerlegung, Zerfall; Einteilung *M*

разбира́ть analysieren; sortieren, klassifizieren, ordnen; scheiden *P*

разби́ть s. разбива́ть

разветви́ть s. разветвля́ть

разветвля́ть verzweigen, verästeln *C*

развива́ть entwickeln, entfalten *P*

разви́тие Entwicklung

разви́ть s. развива́ть

разде́л Teil, Abschnitt *M P*

разделе́ние Teilung, Trennung, Zerlegung; Entmischung; Fraktionierung *C*

раздели́ть s. разделя́ть

разделя́ть teilen, trennen, zerlegen; entmischen, scheiden, fraktionieren; dividieren

разлага́ть zerlegen, zergliedern, zersetzen; entwickeln; aufschließen

различа́ть unterscheiden; erkennen *P C*

разли́чие Unterschied, Verschiedenheit *P C*

различи́ть s. различа́ть

разли́чный verschieden, verschiedenartig, unterschiedlich

разложе́ние Zerlegung, Zersetzung, Zerfall; Entwicklung; Aufschluß

разложи́ть s. разлага́ть

разме́р Dimension, Ausmaß, Größe; Maßstab *P C*

разме́рность -и Dimension, Ausmaß *M*

размести́ть s. размеща́ть

размеща́ть zuordnen, zuweisen, verteilen; aufstellen *M*

ра́зница Differenz, Unterschied; Differente *M C*

ра́зность -и Differenz, Unterschied; Differente

ра́зный verschieden, unterschiedlich

разобра́ть s. разбира́ть

разраба́тывать ausarbeiten, entwerfen, entwickeln *M C*

разрабо́тать s. разраба́тывать

разры́в Bruch, Unstetigkeit, Lücke, Sprung; Bersten, Reißen, Riß *M C*

разря́д Position, Rang, Stelle, Klasse; Entladung *M P*

разря́дный Positions-; -stellig *M*

ра́мка Rahmen *P*

ра́но früh *P C*

ра́ньше früher, vorher *M*

распа́д Zerfall, Zersetzung; Zerlegung; Abbau; Spaltung *C*

распла́в Schmelze, Schmelzfluß *C*

распла́вить s. пла́вить, расплавля́ть

расплавля́ть schmelzen *P C*

располага́ть *Akk* anordnen, aufstellen, zuweisen, verteilen; *Instr* disponieren, verfügen (über)

расположе́ние Anordnung, Zuweisung, Verteilung; Aufstellung; Verfügung

расположи́ть s. располага́ть

распределе́ние Distribution, Verteilung; Einteilung; Zuweisung

распредели́ть s. распределя́ть

распределя́ть verteilen; einteilen *P*

распростране́ние Dilatation, Dehnung; Ausbreitung, Verbreitung; Ausdehnung; Fortsetzung; Fortpflanzung *M P*

распространи́ть s. распространя́ть

распространя́ть ausbreiten, verbreiten; ausdehnen; fortsetzen; fortpflanzen *M P*

рассе́яние Dispersion, Dissipation, Diffusion, Streuung; Zerstreuung *P*

расслое́ние Stratifikation, Schichtung; Spaltung *M*

рассма́тривать betrachten, ansehen; untersuchen, prüfen

рассмотре́ние Betrachtung; Durchsicht, Prüfung; Untersuchung

рассмотре́ть s. рассма́тривать

расстоя́ние Distanz, Abstand, Entfernung

рассужде́ние Erörterung; Erwägung, Überlegung; Beurteilung *M P*

рассчита́ть s. рассчи́тывать

рассчи́тывать auszählen, abzählen; berechnen *M P*

раство́р Solution, Lösung, Auflösung; Apertur, Öffnung, Öffnungsweite; Mörtel *P C*

растворе́ние Lösen, Auflösen; Lösung, Auflösung *C*

раствори́мость -и Löslichkeit, Lösbarkeit *C*

раствори́мый löslich, auflösbar *C*

раствори́тель Solvens, Lösungsmittel *C*

раствори́ть s. растворя́ть

растворя́ть lösen, auflösen *C*

расти́ расту́, растёт wachsen; zunehmen, ansteigen *C*

расхожде́ние Divergenz, Differenz, Auseinandergehen *P*

расчёт Rechnung, Berechnung; Abrechnung; Überschlag

расщепи́ть s. расщепля́ть

расщепле́ние Spalten, Aufspalten; Spaltung; Zersetzung; Abbau; Zertrümmerung *C*

расщепля́ть spalten, aufspalten; zersetzen, abbauen *C*

рациона́льный rational *M*

реаге́нт Reagens, Prüfungsmittel *C*

реаги́ровать -ую, -ует reagieren *C*

реакти́в Reagens, Reaktionsmittel *C*

реакцио́нный Reaktions- *C*

реа́кция Reaktion *C*

реализа́ция Realisierung *M*

реализова́ть -у́ю, -у́ет realisieren *M*

реа́льный real, wirklich *P*

реги́стр Register *M*

регуля́рный regulär, regelmäßig *M*

ре́зкий scharf, stark, heftig *P C*

резольве́нта Resolvente *M*

резона́нс Resonanz *P*

резона́нсный Resonanz- *P*

резона́тор Resonator *P*

результа́т Resultat, Ergebnis;
в результа́те infolge, durch

реле́ Relais *M*

речь -и Rede, Sprache *P*

реша́ть lösen, auflösen; ent-
scheiden, beschließen *M P*

реше́ние Lösung, Auflösung;
Entscheidung, Beschluß *M P*

решётка Gitter; Linienraster
M P

реши́ть s. реша́ть

рису́нок -нка Zeichnung, Abbildung, Figur, Bild

род Art, Gattung, Geschlecht;
Generation *M P*

роль -и Rolle

рост Anwachsen, Wachstum,
Zuwachs, Zunahme

рту́тный Quecksilber-, Queck-
silberdampf- *C*

ртуть -и Quecksilber *C*

ряд Reihe, Folge, Kette; Zeile

С

с *Instr* mit; und; *Gen* von, seit,
von . . . an; von ./. . herunter;
с *Gen* . . . по *Akk* von . . . bis

салици́ловый salicylsauer; Sali-
cyl- *C*

сам сама́, само́, *Pl* са́ми selbst,
selber

са́мый *dient zur Bildung des
Superlativs der Adjektive;*
selbst, selbig; ganz, äußerst,
aller-; direkt, gleich; в са́мом
де́ле tatsächlich; в са́мом це́нтре
direkt im Zentrum; с са́мого
нача́ла (ganz) von Anfang an;
тем са́мым dadurch; тот же
са́мый derselbe

све́дение Mitteilung, Nachricht;
Pl Angaben, Daten *C*

свести́ s. своди́ть

свет Licht; Welt *P C*

свече́ние Leuchten, Glühen,
Glimmen *P*

свиде́тельствовать -ую, -ует
(о *Präp*) zeugen (von), sprechen (von); bezeugen *C*

свине́ц -нца́ Blei *C*

свинцо́вый bleiern; bleigrau;
bleifarben; Blei- *C*

свобо́да Freiheit, Ungebun-
denheit *P*

свобо́дный frei, ungebunden;
willkürlich; unbesetzt, offen,
leer

своди́ть -вожу́, -во́дит (к *Dat*)
reduzieren, zurückführen (auf);
herleiten; zusammenfassen
M P

свой mein; dein; sein; ihr; unser; euer; ihr *Pl*

сво́йство Eigenschaft, Beschaffenheit, Zustand; Verhalten

свя́занный verbunden, konnex;
direkt; gekoppelt; on-line- *M*

связа́ть s. свя́зывать

свя́зывать binden, verbinden,
verknüpfen, zusammenfügen,
koppeln; anschalten; zwischenschalten

связь -и Verbindung, Zusammenhang, Beziehung; Bindung;
Kopplung, Ankopplung; Nach-
richtenwesen

сдвиг Bewegung, Schritt; Ver-
rückung, Scherung, Gleiten;
Translation *M*

сдвига́ть rücken, wegrücken,
verschieben; zusammenrücken
M C

сдви́нуть s. сдви́гать

сде́лать s. де́лать

себя́ mich; dich; sich; uns;
euch; sich *Pl*

сейча́с jetzt, sogleich, nunmehr
M

секу́нда Sekunde P
семе́йство Familie; Schar M
серде́чник Kern P
серни́стый schweflig, schwefelhaltig, sulfidisch; Schwefel-; sulfid C
се́рный schwefelhaltig, schwefelführend; Schwefel-; Schwefelsäure- C
сероуглеро́д Kohlenstoffdisulfid, Schwefelkohlenstoff C
се́тка Netz M
сеть -и Netz, Netzwerk; Schaltung; System P
сече́ние Schnitt, Querschnitt P
сжа́тие Kompression, Kontraktion P
сигна́л Signal, Zeichen M C
сигнату́ра Signatur M
си́ла Kraft, Stärke; в си́лу kraft, infolge, auf Grund
силово́й dynamisch; Kraft- C
си́льный stark, kräftig
си́мвол Symbol, Zeichen M
симметри́чный symmetrisch
симметри́я Symmetrie P
си́нтез Synthese M C
синтези́ровать -ую, -ует synthetisieren C
синтети́ческий synthetisch C
синь -и Blau C
синусоида́льный sinusförmig; Sinus- M
систе́ма System
ска́занное -ого das Gesagte, das Erwähnte M P
сказа́ть s. говори́ть
сказа́ться s. ска́зываться
ска́зываться (на Präp) sich zeigen, sich äußern (in); sich auswirken (auf)P
скаля́рный skalar; Skalar- M
скачо́к -чка́ Sprung; Übergang P
сквозь Akk durch
скла́дывать addieren, summieren; zusammenlegen; ablegen M P

ско́бка Klammer; Parenthese M
скольже́ние Diffusion; Schlupf; Gleiten, Rutschen P
скользи́ть gleiten, rutschen; schwimmen P
скользну́ть s. скользи́ть
ско́лько Gen wieviel, wieviele; soviel
ско́рость -и Tempo, Geschwindigkeit, Schnelligkeit
сла́бый schwach P C
слага́емое -ого Summand
сле́ва links; von links M
слегка́ leicht; etwas, ein wenig C
сле́довательно folglich
сле́довать -ую, -ует folgen
сле́дствие Konsequenz, Folge, Folgeerscheinung; Folgerung M P
сле́дует man muß, man sollte; es ist ratsam
сле́дующее -его das Folgende, das Nächste
сле́дующий folgender, nächster
сли́шком zu, zu viel, zu sehr
сло́во Wort M
сложе́ние Addition M
сложи́ть s. скла́дывать
сло́жный kompliziert; zusammengesetzt
слой Schicht, Lage; Scheibe; Schale; Belag, Mantel P C
служи́ть dienen; Instr dienen als
слу́чай Fall; Zufall
случа́йный zufällig; Zufalls- M
сма́зка Schmiermittel P
смести́ть s. смеща́ть
смесь -и Mischung, Gemisch, Gemenge P C
смеша́ть s. сме́шивать
сме́шивать mischen, vermischen, zusammenmischen, vermengen C
смеща́ть verschieben, ver-

rücken; verdrängen; bewegen *C*

смещёние Verschiebung, Verlagerung; Bewegung; Versatz *P C*

смола́ Harz; Teer; Pech *C*

смотрёть sehen, ansehen, zusehen

смочь s. мочь

смысл Sinn, Bedeutung

снабди́ть s. снабжа́ть

снабжа́ть versorgen, versehen; ausstatten; ausrüsten *C*

снача́ла zuerst, anfangs, von Anfang an

сни́зу von unten; unten *M*

снима́ть abnehmen, herunternehmen; aufheben, abschaffen; fotografieren *C*

сно́ва erneut, wiederum, von neuem, aufs neue *M P*

снять s. снима́ть

со́бственный eigen, eigentlich, echt; Eigen- *M P*

соверша́ть verrichten, vollziehen, abschließen *M P*

соверше́нно völlig, vollkommen, vollständig, ganz

соверши́ть s. соверша́ть

совмёстный gemeinsam *M*

совоку́пность -и Summe, Gesamtheit; Menge *M P*

совпада́ть kongruieren, koinzidieren, sich decken, übereinstimmen, zusammenfallen

совпаде́ние Kongruenz, Koinzidenz, Übereinstimmung *M C*

совпа́сть s. совпада́ть

совремённый gegenwärtig, jetzig, heutig; modern, zeitgemäß *P C*

совсём ganz; **совсём не** (ganz und) gar nicht

согла́сно laut, nach, gemäß, entsprechend

содержа́ние Inhalt, Gehalt *C*

содержа́ть -де́ржит enthalten, beinhalten; unterhalten

содержи́мое Inhalt *M*

соедине́ние Verbindung; Verbinden, Vereinigen, Zusammenfügen *C*

соедини́ть s. соединя́ть

соединя́ть verbinden, vereinigen; anschalten, zwischenschalten

создава́ть(ся) -даю́, -даёт schaffen, gründen; (entstehen, entspringen) *P C*

созда́ть(ся) s. создава́ть(ся)

сойти́сь s. сходи́ться

сократи́ть s. сокраща́ть

сокраща́ть reduzieren, kürzen, verringern, vermindern *M*

сокраще́ние Reduzierung, Kürzung, Verringerung, Verminderung *M*

соль -и Salz *P C*

соля́ный (соляно́й) salzig; Salz-; **соля́ная кислота́** Salzsäure *C*

сомно́житель Faktor *M*

соображе́ние Überlegung; Meinung, Erwägung *P*

сообща́ть mitteilen, berichten, melden; verleihen *P C*

сообщи́ть s. сообща́ть

соотвётственно entsprechend, gemäß, nach; angemessen

соотвётствие Übereinstimmung, Entsprechung; **ста́вить/поста́вить в соотвётствие** zuordnen

соотвётствовать -ую, -ует übereinstimmen, entsprechen

соотвётствующий entsprechend, übereinstimmend

соотноше́ние Korrelation, Beziehung, Verhältnis

сопоста́вить s. сопоставля́ть

сопоставле́ние Gegenüberstellung, Vergleich *C*

сопоставля́ть gegenüberstellen, vergleichen *C*

соприка́саться sich berühren, in Berührung kommen *P*

соприкосну́ться s. соприка-
са́ться

сопроводи́ть s. сопровожда́ть

сопровожда́ть begleiten; folgen;
versehen *P C*

сопротивле́ние Widerstand *M P*

сопряжённый konjugiert, zugeordnet; gekoppelt *M C*

сосе́дний benachbart; Nachbar-
P

сосредото́ченный konzentriert
M

соста́в Bestand, Zusammensetzung; Bau, Struktur;
входи́ть/войти́ в соста́в *Gen*
gehören zu, angehören

соста́вить s. составля́ть

составле́ние Komposition, Zusammensetzung; Zusammen-
stellung *M*

составля́ть zusammenstellen,
bilden; verfassen; betragen,
ausmachen

составля́ющая -ей Komponente

состоя́ние Zustand, Beschaffenheit

состоя́ть -стои́т (из *Gen*) bestehen (aus); (в *Präp*) bestehen (in)

сосу́д Gefäß, Behälter *P C*

сохране́ние Erhaltung, Bewahrung, Beibehaltung; Aufbewahrung *P C*

сохрани́ть s. сохраня́ть

сохраня́ть erhalten, behalten,
bewahren; aufbewahren

спектр Spektrum

спектра́льный Spektral- *M*

спектро́метр Spektrometer *C*

спектрофотоме́трия Spektrofo-
tometrie *C*

сперва́ zuerst, anfangs; erst,
erstmals *M P*

специа́льный speziell, besonders;
Spezial- *M C*

спирт Spiritus, Sprit, Alkohol;
Branntwein *C*

спиртово́й spirituös, alkoholisch;
geistig; Spiritus-*C*

спи́сок -ска Liste, Verzeichnis *M*

сплав Legierung *P C*

сплошно́й kompakt, massiv;
dicht; geschlossen; kontinuierlich *P*

спо́соб Methode, Verfahren;
Art, Weise

спосо́бность -и Fähigkeit *C*

спосо́бный fähig, befähigt, imstande; begabt *P C*

спосо́бствовать -ую, -ует *Dat*
fördern, begünstigen; beitragen *C*

спра́ва rechts; von rechts *M C*

справедли́вость -и Richtigkeit
M

справедли́вый richtig; gerecht,
gerechtfertigt *M P*

сравне́ние Vergleich; по срав-
не́нию с *Instr* im Vergleich mit/
zu

сра́внивать vergleichen, gegenüberstellen *M P*

сравни́тельно relativ, verhältnismäßig, vergleichsweise *P C*

сравни́ть s. сра́внивать

сра́зу sofort, sogleich; gleichzeitig; zugleich

среда́ Medium, Mittel, Stoff;
Milieu, Umwelt *P C*

среди́ *Gen* mitten, inmitten,
unter

сре́днее -его Mittel, Durchschnitt; в сре́днем im Mittel,
durchschnittlich *M C*

сре́дний mittlerer, durchschnittlich; Mittel-, Durchschnitts-

сре́дство Mittel; Stoff; Arznei
M C

сродство́ Affinität, Verwandtschaft *C*

стаби́льный stabil *M*

ста́вить -влю, -вит stellen *M P*

станда́ртный genormt; Stan-
dard-, Norm-, Einheits- *M C*

становиться -влюсь, -вится *Instr* werden

старший höchster; Höchst-; dominant; Ober-; Leit- *M*

стать s. становиться

статья Artikel, Aufsatz *M P*

стационарный stationär, ortsfest, feststehend; Stand- *P C*

стекло Glas; Scheibe *P C*

стеклянный gläsern; Glas- *C*

стенка Wand *P*

степенной Potenz- *M*

степень -и Potenz; Grad, Stufe, Maß; Grenze, Größe

столб Säule *C*

столбец -бца Spalte *M*

столкновение Kollision, Zusammenstoß, Zusammenprall; Stoß *P*

сторона Seite, Schenkel, Kantenlänge; с одной стороны einerseits; с другой стороны anderseits

стоять, стою, стоит stehen *M P*

страница Buchseite

стрелка Zeiger, Nadel; Pfeil *M P*

стремиться -млюсь, -мится (к *Dat*) streben (nach); gehen (gegen) *M P*

стремление Streben *M*

строгий streng *P*

строение Struktur, Bau, Aufbau

строить bauen

строка Zeile *M*

структура Struktur

сужение Striktion; Einengung *M*

сульфат Sulfat *C*

сумма Summe, Gesamtheit; Betrag

суммарный summarisch; Gesamt- *P C*

сумматор Summenwerk, Adder, Addierer, Addiereinrichtung *M*

суммирование Summierung, Addition *M*

суммировать -ую, -ует summieren, addieren *M*

суспензия Suspension; Aufschwämmung, Aufschlämmung; Schlamm *C*

суть -и Wesen *M*; по сути дела eigentlich, im Grunde genommen

сухой trocken *C*

существенный wesentlich; bedeutend, erheblich

существование Existenz, Dasein

существовать -ую, -ует existieren, vorhanden sein

сфера Sphäre, Bereich, Gebiet; Kreis; Kugel(fläche)

сферический sphärisch; Kugel- *P*

сформулировать s. формулировать

схема Schema, Kreis, Netzwerk; Schaltung; Plan; Gatter; System

сходимость -и Konvergenz *M*

сходиться -ходится konvergieren *M*

сходный ähnlich *C*

сходящийся konvergent *M*

счесть(ся) s. считать(ся)

счёт Zählen, Zählung, Rechnung; за счёт auf Kosten, durch

счётный abzählbar; rechnerisch; Zähl-, Rechen- *M*

счисление Zählen, Rechnen *M*

считать(ся) zählen, rechnen; *Instr* halten für, annehmen; (gelten als, zählen als)

считывание Lesung, Ablesen *M*

сыграть s. играть

сюда hierher *P*

Т

табли́ца Tabelle, Tafel
табли́чный Tabellen-, Tafel- *M*
так so; та́к как da, weil; так что so daß; так что́бы so daß, derart daß
та́кже auch, ebenfalls
тако́в takobá, takobó; taková solch ein(e); solche *Pl*
тако́й ein solcher, solch ein
тако́й же der gleiche
такт Takt *M*
там dort
тангенциа́льный tangential; Tangenten- *P*
твёрдый fest, hart; starr, steif *P C*
т.е. =то́-есть d. h. =das heißt
те́ло Körper *P C*
температу́ра Temperatur
температу́рный Temperatur- *C*
те́нзор Tensor *P*
теоре́ма Theorem, Satz *M P*
теорети́ческий theoretisch *C*
тео́рия Theorie
тепе́рь jetzt, nunmehr
тепло́ Wärme *P*
теплово́й thermisch; Thermo-, Wärme- *P C*
теплоёмкость -и Entropie, Wärmekapazität *P*
теплота́ Wärme *P C*
тере́ть тру, трёт reiben *P*
терм Term *C*
те́рмин Terminus *M*
терми́ческий thermisch *C*
термодина́мика Thermodynamik *C*
термодинами́ческий thermodynamisch *C*
термостати́рование Thermostatieren *C*
те́хника Technik *C*
техни́ческий technisch *M*
техноло́гия Technologie *C*

тече́ние Verlauf; Lauf, Strömung
течь течёт fließen *P*
тип Typ, Typus, Art
титри́рование Titration, Titrieren *C*
то jenes; das; dann, so, sodann; для того́ что́бы um zu
тогда́ dann, da; damals
то́-есть = т. е. das heißt, d. h.
тожде́ственный identisch *M*
тождество́ Identität *M*
то́же auch
ток Strom, Stromstärke; Fließen, Strömen, Strömung
толщина́ Stärke, Dicke, Umfang *P*
то́лько nur; erst; не то́лько но и nicht nur ... sondern auch
том *Pl* тома́ Band *P C*
то́нкий dünn, fein *P*
тополо́гия Topologie *M*
тот, та, то; те jener, jene, jenes; jene *Pl;* (оди́н и) то́т же (ein und) derselbe
то́чка Punkt, Stelle; Schleifen
то́чность -и Exaktheit; Präzision, Genauigkeit; Pünktlichkeit
то́чный exakt, präzise, genau; pünktlich; Präzisions-, Feinтраекто́рия Trajektorie, Bahn, Flugbahn, Wurflinie *M P*
трансформа́тор Transformator *P*
тре́бование Forderung, Abforderung *M P*
тре́бовать -ую, -ует *Gen* fordern, erfordern, verlangen
тре́ние Reibung *P*
трети́чный tertiär; Tertiär- *C*
трёхвале́нтный trivalent, dreiwertig *C*
тре́щина Riß, Spalte; Sprung, Spalt, Öffnung *P*
тривиа́льный trivial *M*

триггер Trigger *M*
тройной ternär, dreifach *C*
труба Rohr, Röhre *P C*
трубка Rohr, Röhre, Röhrchen *P C*
труд Arbeit; Mühe, Werk, Abhandlung *M*
трудность -и Schwierigkeit *C*
труднорастворимый schwerlöslich *C*
тут hier *C*
тяжёлый schwer *P*
тяжесть -и Schwere, Schwerkraft *P*

У

у *Gen* bei, an, neben
убедить s. убеждать
убеждать überzeugen *M P*
убывать schwinden, abnehmen, sich verringern; sinken, fallen *M*
убыть s. убывать
увеличение Vergrößerung *P C*
увеличивать vergrößern
увеличить s. увеличивать
увидеть s. видеть
углеводород Kohlenwasserstoff *C*
углеводородный Kohlenwasserstoff- *C*
углерод Kohlenstoff *C*
углеродный Kohlenstoff- *C*
угловой Winkel-; Eck-; Bogen- *M P*
угодный beliebig; passend, geeignet *M*
угол угла, в углу Winkel; Ecke
уголь угля Kohle *C*
удаваться -даётся gelingen *P C*
удар Schlag, Stoß *P C*

удаться s. удаваться
удельный spezifisch *P*
удобный zweckmäßig; bequem, passend
удовлетворительный befriedigend; genügend *C*
удовлетворить s. удовлетворять
удовлетворять *Dat* genügen, entsprechen; verifizieren, erfüllen; befriedigen *M P*
уже schon, bereits
узел узла Modul; Knoten, Knotenpunkt, Verkettungspunkt *M P*
узкий eng, schmal; Schmal- *P*
указать s. указывать
указывать hinweisen; zeigen
уксусный essighaltig; Essig- *C*
ультрафиолетовый ultraviolett *C*
уменьшать verringern, vermindern, herabsetzen *P C*
уменьшение Verringerung, Minderung, Rückgang, Abnahme, Abfall, Absinken *P C*
уменьшить s. уменьшать
умножать multiplizieren; vermehren, vervielfachen *M P*
умножение Multiplikation; Vermehrung, Vervielfachung *M*
умножить s. умножать
унитарный unitär *M*
уничтожать zerstören, vernichten; aufheben *P*
уничтожить s. уничтожать
упоминать erwähnen, nennen *M*
упомянутый erwähnt, genannt *M*
упомянуть s. упоминать
употребить s. употреблять
употреблять anwenden, verwenden, benutzen, gebrauchen *P*
управить s. управлять
управление *Instr* Steuerung, Lenkung, Regelung; Kontrolle; Bedienung *M*

управля́ть *Instr* steuern, lenken, regeln; kontrollieren; bedienen *M*

упрости́ть s. упроща́ть

упроща́ть vereinfachen *P*

упроще́ние Vereinfachung; Reduktion *M*

упру́гий elastisch, geschmeidig, biegsam *P*

упру́гость -и Elastizität, Flexibilität, Dehnbarkeit, Biegsamkeit *P*

уравне́ние Gleichung

уравнове́сить s. уравнове́шивать

уравнове́шивать ins Gleichgewicht bringen, einspielen *P*

у́ровень -вня Niveau, Ebene, Stand; Spiegel, Pegel

уси́ливать verstärken, steigern; verschärfen *C*

уси́лие Kraft, Aufwand; Anstrengung *P*

уси́лить s. уси́ливать

ускоре́ние Beschleunigung *P*

уско́рить s. ускоря́ть

ускоря́ть beschleunigen *P*

усло́вие Bedingung, Voraussetzung

усло́вный bedingt; willkürlich *M C*

устана́вливать feststellen; festsetzen; aufstellen; einbauen, montieren; herstellen; einführen

установи́ть s. устана́вливать

устано́вка Aufstellung; Einstellung; Montage; Anlage, Einrichtung; Vorrichtung *P C*

установле́ние Feststellung; Festsetzung; Bestimmung; Aufstellung; Aufnahme; Herstellung *C*

усто́йчивость -и Stabilität, Beständigkeit, Stetigkeit; Widerstandsfähigkeit *P C*

усто́йчивый stabil, beständig, stetig; widerstandsfähig

устро́йство Anlage, Gerät; Einrichtung; Einheit; Block; Vorrichtung *M P*

утверди́ть s. утвержда́ть

утвержда́ть behaupten; sanktionieren, bestätigen, bekräftigen *M P*

утвержде́ние Behauptung; Bestätigung, Bekräftigung *M P*

уча́ствовать -ую, -ует (в *Präp*) teilnehmen (an) *C*

уча́стие Teilnahme, Beteiligung *C*

уча́сток -тка Teilstück; Abschnitt; Strecke; Stelle *M P*

уче́сть s. учи́тывать

учёт Berücksichtigung; Berechnung, Zählung; **с учётом** unter Berücksichtigung

учи́тывать berücksichtigen; berechnen

Ф

фа́за Phase, Stadium; Entwicklungsstufe

фа́зовый phasisch; Phasen- *C*

факт Fakt, Tatsache *M P*

факти́ческий faktisch, tatsächlich *M*

фа́ктор Faktor *M C*

фено́л Phenol, Hydroxybenzen, Carbolsäure *C*

фигу́ра Figur; Abbildung

фи́зик Physiker *P*

фи́зика Physik *P*

фи́зико-хими́ческий physikalisch-chemisch *C*

физи́ческий physikalisch; physisch *P C*

фикси́ровать -ую, -ует fixieren,

konzentrieren; festhalten, festlegen *M P*

фильтр Filter *M C*

фильтра́ция Filtration, Filterung *P C*

фильтрова́ть -у́ю, -у́ет filtrieren, filtern, seihen, abklären *C*

флуоресце́нция Fluoreszenz *P C*

фон Phon; Hintergrund, Grundfarbe *C*

фо́рма Form; Verlauf

формальдеги́д Formaldehyd, Methanol *C*

фо́рмула Formel

формули́ровать -у́ю, -у́ет formulieren *M C*

формулиро́вка Formulierung *M*

фосфа́т Phosphat *C*

фо́сфор Phosphor *C*

фо́сфорный Phosphor- *C*

фтор Fluor *C*

фтори́д Fluorid *C*

фундамента́льный fundamental, grundlegend; Fundamental-, Grund- *M*

функциона́л Funktional *M*

функциона́льный funktional, funktionell *M*

фу́нкция Funktion

Х

хара́ктер Charakter

характеризова́ть -у́ю, -у́ет charakterisieren, kennzeichnen

характери́стика Charakteristik; Kennzeichen, Kennziffer; Kennlinie

характеристи́ческий charakteristisch *M P*

характе́рный charakteristisch, kennzeichnend *P C*

хи́мик Chemiker *C*

хими́ческий chemisch *C*

хи́мия Chemie *C*

хлор Chlor *C*

хлори́д Chlorid *C*

хло́ристый chlorig, chlorhaltig; Chlor-; chlorid *C*

хло́рный Chlor-; chlorid *C*

хлорофо́рм Chloroform *C*

ход Verlauf; Gang, Lauf; Hub; Drall; Bahn; Duktus

хоро́ший gut

хотя́ obwohl, obgleich, obschon; **хотя́ бы** wenigstens; selbst wenn

хране́ние Aufzeichnung, Speicherung; Aufbewahrung *M*

храни́ть aufzeichnen, speichern; aufbewahren *M*

хроматогра́фия Chromatographie *C*

Ц

цвет *Pl* -а́, -о́в Farbe, Färbung *C*

це́зий Caesium *C*

це́лое -ого Ganzes; ganze Zahl; **в це́лом** im ganzen, insgesamt

це́лый ganz, voll

цель -и Ziel, Zweck; **в це́лях**, **с це́лью** *Gen* mit dem Ziel, zwecks *M C*

центр Zentrum

центра́льный zentral; Zentral- *P*

цепь -и Kette; Kreis; Stromkreis

цикл Zyklus; Schleife; Ring; Kreisprozeß

цикли́ческий zyklisch, kreisläufig *M C*

цили́ндр Zylinder; Rotor; Trommel *P*

цинк Zink *C*
цирко́ний Zirconium *C*
ци́фра Ziffer *M*
цифрово́й numerisch, digital; Ziffern- *M*

что was; daß
что́бы um zu; damit, daß
чувстви́тельность -и Sensibilität, Empfindlichkeit; Anfälligkeit *C*

Ч

час Stunde *C*
часово́й einstündig; Stunden- *P*
части́ца Partikel; Korpuskel; Teilchen, Massenteilchen *P C*
части́чный partiell, teilweise; Teil- *M C*
ча́стное -ого Quotient *M*
ча́стность -и Detail, Einzelheit; в ча́стности speziell, insbesondere
ча́стный partiell, partikulär; speziell; Spezial- *M P*
ча́сто oft, häufig
частота́ Frequenz, Häufigkeit *M P*
часть -и Teil, Anteil; Sektor, Sektion, Abschnitt; Element
часы́ -о́в *Pl* Uhr *P*
чем als *nach Komparativ*
че́рез *Akk* nach; über, durch; mit Hilfe von
чёрный schwarz *C*
черта́ Strich, Linie; Zug *M*
чёткий exakt; deutlich, klar *C*
чётный gerade; paar *M*
чи́сленный numerisch, zahlenmäßig; Zahlen- *M P*
число́ Zahl, Anzahl; Datum
числово́й Zahlen- *M*
чи́стый rein, sauber *M C*
чита́тель Leser *M*
член Glied; Term, Begriff, Ausdruck
чрезвыча́йный außerordentlich *P*

Ш

шаг Schritt *M*
шар Kugel, Ball *P*
ша́рик Kugel, Kügelchen *P*
шерохова́тость -и Unebenheit, Rauheit *P*
широ́кий weit, breit; Weit-, Breit-

Щ

щелочно́й alkalisch, basisch; Alkali- *C*
щёлочь -и Lauge, Base; Alkali, Alkalilauge, Ätzlauge *C*
щель -и Spalt, Öffnung; Ritz, Ritze *P*

Э

эквивале́нтность -и Äquivalenz *M*
эквивале́нтный äquivalent, gleichwertig; Ersatz-, Ausgleichs-
эквимолекуля́рный äquimolekular *C*
экра́н Schirm, Schirmwand,

Leinwand; Abschirmblech P

эксперимент Experiment, Versuch C

экспериментальный experimentell; Versuchs- P C

экстрагировать -ую, -ует extrahieren, ausziehen C

экстремум Extremum Extremwert M

электризация Elektrisierung P

электрический elektrisch

электричество Elektrizität P

электрод Elektrode P C

электродвижущий elektromotorisch P

электродинамический elektrodynamisch P

электродный Elektroden- C

электролиз Elektrolyse P

электролит Elektrolyt C

электролитический electrolytisch; Elektrolyt- P

электромагнитный elektromagnetisch P

электрон Elektron P C

электронный elektronisch; Elektronen-

электропроводность -и electrische Leitfähigkeit C

электростатический electrostatisch, elektrisch P

элемент Element; Grundstoff; Bestandteil

элементарный elementar; Elementar-, Element-

эллиптический elliptisch M

энергетический energetisch; Energie-, Kraft- C

энергичный energisch C

энергия Energie P C

энтальпия Enthalpie, Wärmeinhalt C

энтропия Entropie C

эпиморфизм Epimorphismus M

этанол Ethanol C

это das ist, das sind

этот, эта, это; эти dieser, diese, dieses; diese Pl; для этого dafür, dazu; об этом darüber; при этом dabei, dazu; с этим damit

эфир Ether, Ester C

эфирный etherisch; Ether-, Ester- C

эффект Effekt, Wirkung, Eindruck; Erscheinung P C

эффективность -и Effektivität, Wirksamkeit; Wirkungsgrad C

эффективный effektiv, wirksam; Wirkungs- P C

Я

я ich

явиться s. являться

явление Erscheinung P C

являться Instr sein

ядерный nuklear; Kern- P C

ядро Nukleus, Kern

язык Sprache M

ясный klar, deutlich M

ячейка Zelle; Raum M C

Englisch-Deutsch

A

a (an) ein, eine *Art*

ability (for; to do) Fähigkeit, Vermögen *M C*

able fähig, imstande; be able to fähig sein, in der Lage sein, können

about ungefähr, etwa; gegen, um . . . herum; über

above oben, oberhalb, über; darüber, obig, obenerwähnt, obengenannt; mehr als

absence Abwesenheit, Fehlen, Nichtvorhandensein *C*

absolute absolut; vollkommen, vollständig, völlig *M P*

absorb absorbieren, aufnehmen *P C*

absorption Absorption, Aufnahme *P C*

abstract abstrakt, theoretisch; Auszug, Kurzreferat *M*

accelerate beschleunigen *P C*

acceleration Beschleunigung *P C*

accept akzeptieren; annehmen, aufnehmen, empfangen *C*

acceptable akzeptabel, annehmbar *M*

access Zugang, Zutritt; Zugriff *M*

accompany begleiten *C*

accomplish ausführen, durchführen, vollenden, erreichen, erfüllen, zustande bringen

accordance: in accordance with in Übereinstimmung mit, entsprechend, gemäß *M*

according (to) entsprechend, gemäß, laut, nach

accordingly demgemäß, folglich, danach, so *M*

account Bericht, Darstellung; Berücksichtigung; account for erklären, begründen; verant-wortlich sein für; on account of auf Grund, wegen; take into account, take account of berücksichtigen, in Betracht ziehen *M P*

accumulation Akkumulation, Ansammlung; Häufung; Speicherung *M*

accuracy Genauigkeit, Exaktheit, Präzision, Richtigkeit *M P*

accurate genau, richtig, exakt, präzise; fehlerfrei *P C*

achieve vollbringen, ausführen; erlangen, erreichen; leisten *P C*

acid Säure; sauer *C*

acquire erwerben, erlangen, erreichen, gewinnen, bekommen *C*

across über, quer, durch; im Durchmesser *P*

act wirken, auftreten, fungieren; angreifen

action Wirkung; Einwirkung, Wirksamkeit; Aktion, Tätigkeit; Funktion, Gang, Lauf

active aktiv, wirksam *C*

activity Aktivität, Tätigkeit; Wirkung, Auswirkung *C*

actual eigentlich, wirklich, tatsächlich; effektiv, real; Wirk-, Ist-

actually wirklich, tatsächlich; in Wirklichkeit

actuate beeinflussen; antreiben *M*

add addieren, summieren; hinzufügen; beimengen, zugeben, zusetzen; beitragen

addition Addition, Addierung, Summierung; Hinzufügung, Zusatz, Zugabe; Beimengung; in addition (to) zusätzlich, außerdem; (außer)

additional zusätzlich, weiter; Zusatz-, Neben-, Mehr-, Nach

additive additiv *M*

address Adresse *M*

admissible zulässig *M*

admit zulassen, erlauben, gestatten; zugeben, anerkennen, einräumen

adsorb adsorbieren *C*

adsorbent Adsorbens, Adsorptionsmittel *C*

adsorption Adsorption *C*

advance fortschreiten, Fortschritte machen; fördern, voranbringen; Fortschreiten, Fortschritt; Vorrücken; Verbesserung, Vervollkommnung *M C*

advantage Vorteil; Nutzen; Überlegenheit

affect beeinträchtigen, beeinflussen; angreifen, befallen *C*

affinity Affinität *C*

after nach, hinter; nachdem

again wieder, wiederum, nochmals; außerdem, ferner; jedoch, anderseits

against gegen, gegenüber, entgegen

agent Agens, Mittel *C*

agree übereinstimmen, entsprechen; übereinkommen

agreement Übereinstimmung; Einvernehmen; Kongruenz *P*

aid Hilfe, Hilfsmittel *C*

aim Ziel, Zweck, Absicht

air Luft *P C*

alcohol Alkohol *C*

algebra Algebra *M*

algorithm Algorithmus, Verfahren *M*

all alle, alles; vollständig, ganz; gesamt, völlig; rein; **at all** überhaupt, völlig

allow erlauben, gestatten, ermöglichen, lassen

alloy Legierung, Metallmischung, Mischmetall *P*

almost fast, beinahe

alone allein; nur

along längs, entlang *M P*

already bereits, schon

also auch, ebenfalls, ferner

alter ändern, verändern; sich ändern *C*

alternate alternieren, abwechseln; vertauschen; hin- und herbewegen; abwechselnd, Wechsel-; Ausweich- *P*

alternative Alternative, Möglichkeit, Variante; Wahl; alternativ, Alternativ-, Wechsel-, Zusatz-; anderer *M*

alternatively andererseits, anderenfalls

although obwohl, obgleich

always immer, stets

amino Amino- *C*

among unter, zwischen

amount Menge, Betrag; Wert; Größe, Summe; **amount to** betragen, ausmachen, sich belaufen

amplitude Amplitude, Ausschlag, Weite, Breite, Schwingungsweite, Ausschlagsweite *P*

analogous analog, ähnlich, entsprechend *P C*

analysis Analysis; Kalkül; Analyse, Untersuchung; Zergliederung, Zerlegung; Auswertung

analytic(al) analytisch *M C*

analyze analysieren; zergliedern, zerlegen; untersuchen; auswerten *P C*

and und

angle Winkel *M P*

angular angular, winkelig, eckig, Winkel- *P*

anode Anode *P*

another ein anderer; ein weiterer, noch ein

answer Antwort; Lösung, Ergebnis; antworten, beantworten; **answer to** entsprechen, übereinstimmen

any irgendein, jeder beliebige, etwas; **at any rate, in any case** auf jeden Fall; **hardly any** fast kein; **if any** wenn überhaupt

apparatus Apparat, Apparatur, Gerät, Vorrichtung *P C*

apparent offenbar, offensichtlich; scheinbar, anscheinend *M C*

appear erscheinen, auftreten, sich zeigen; vorkommen; sichtbar werden; scheinen

appearance Auftreten; Vorkommen; Erscheinung, Aussehen *C*

appendix Anhang; Zubehör *P C*

applicable anwendbar *M P*

application Anwendung, Verwendung, Gebrauch; Antrag

apply (to) anwenden, verwenden, gebrauchen; applizieren, anlegen, ansetzen; gelten, zutreffen

approach Herangehen, Methode, Verfahren, Einstellung; herangehen, sich nähern; nahekommen

appropriate geeignet, zweckmäßig, passend

approximate approximativ, annähernd, angenähert, Näherungs- *M P*

approximately annähernd, ungefähr

approximation Approximation, Näherung; Annäherung *M P*

aqueous wäßrig *C*

arbitrary arbiträr, willkürlich, beliebig *M*

arc Bogen, Arkus *M*

area Fläche, Flächeninhalt, Flächenraum; Oberfläche, Grundfläche; Gebiet, Zone, Region

argue argumentieren, beweisen, diskutieren; folgern *P*

argument Argument, Beweis *M*

arise (arose, arisen) entstehen, sich ergeben; aufsteigen, sich erheben

arithmetic arithmetisch, Rechen-; Arithmetik *M*

around ringsherum, um ... herum

arrange ordnen, anordnen, einteilen, gruppieren; einreihen; einrichten *P C*

arrangement Ordnung; Anordnung, Gruppierung; Verteilung; Aufbau; Einrichtung

array Anordnung *M C*

arrow Pfeil *P*

arrive (at) ankommen; erreichen, gelangen zu '

as da; als; wie; während **as ... as so** ... wie; **as a rule** in der Regel; **as compared with** im Vergleich mit; **as for, as to** was anbetrifft, hinsichtlich

aspect Aspekt, Gesichtspunkt; Beziehung, Hinsicht; **in all aspects** in jeder Hinsicht *C*

assert aussagen; behaupten *M*

assertion Aussage; Behauptung, Erklärung, Versicherung *M*

assign zuordnen, zuweisen *M*

assist helfen, mitwirken, unterstützen *M*

associate assoziieren, verbinden, vereinigen; zusammenhängen; in Verbindung bringen, in Zusammenhang bringen; zusammenhängen, in Verbindung stehen

associative assoziativ *M*

assume annehmen, vermuten; voraussetzen

assumption Annahme, Vermutung; Voraussetzung

at in, an; zu; bei; gegen; **at all** überhaupt; **at last** endlich; **at least** wenigstens

atmospheric atmosphärisch; Luft-; Witterungs- *P*

atom Atom *P C*

atomic atomar, Atom- *P C*

attach (to) befestigen; verbinden; anfügen *C*

attack angreifen *C*

attain erlangen, erreichen; gelangen *C*

attempt Versuch; versuchen

attention Aufmerksamkeit; Beachtung; **call attention to** Aufmerksamkeit lenken auf; **pay attention to** Aufmerksamkeit schenken

attribute zuschreiben, beimessen; zurückführen *P*

author Autor, Verfasser *M*

automatically automatisch *M*

auxiliary Hilfs-; Zusatz-, Neben-; zusätzlich *M*

available verfügbar, vorhanden, erhältlich

average Durchschnitt, Mittel-(wert), Medium; Durchschnitts-, durchschnittlich; den Durchschnittswert nehmen, mitteln; durchschnittlich betragen

avoid vermeiden *P C*

away weg, fort, entfernt *P*

axiom Axiom *M*

axis Achse

B

back zurück, rückwärts, nach hinten; Rück-, Gegen-; Rükken, Rückseite, Hinterseite *P*

backbone Gerüst; Rückgrat *C*

background Hintergrund, Untergrund; Grund-, Hintergrund-, Untergrund- *P*

backward rückwärts, zurück; Rück- *M*

bacterium *Pl* bacteria Bakterie, Bakterium *C*

balance Gleichgewicht, Balance; Waage; Bilanz; abwägen; ausgleichen, im Gleichgewicht halten, ins Gleichgewicht bringen

band Band, Blatt, Streifen; Bereich; Bande *P C*

barrier Schranke, Sperre *P*

base basieren, beruhen, gründen; Basis, Grundlage, Fundament, Grundfläche; **be based (up)on** basieren auf, beruhen auf, sich gründen auf

basic grundlegend, fundamental, Grund-; basisch *M C*

basis Basis, Grundlage, Grundfläche

bath Bad *C*

be (was, been) sein; werden *dient zur Bildung des Passivs;* **be to** sollen; **there is, there are** es gibt

beam Strahl; Strahlenbündel, Strahlenbüschel *P*

because da, weil; **because of** wegen, infolge, auf Grund

become (became, become) werden

before bevor, ehe; vorher, zuvor; vor; **as before** wie oben

begin (began, begun) beginnen, anfangen

beginning Anfang, Beginn; Start; **at the beginning of** zu Beginn von; **in the beginning** zu Beginn, anfangs *M*

behave sich verhalten; verlaufen *P C*

behavio(u)r Verhalten; Verlauf *P C*

behind hinter, hinter . . . zurück; hinter . . . her; hinten, hinterher, zurück *P*

believe glauben, meinen, denken, annehmen; halten für

belong (to) gehören, angehören *M P*

below unten, unter, unterhalb von; hinunter, hinab

benzene Benzen (*früher* Benzol) *C*

besides außer, neben, abgesehen von; außerdem, überdies, ferner

best bester; am besten

between zwischen, unter; dazwischen

beverage Getränk *C*

beyond über hinaus, jenseits, auf der anderen Seite; **beyond dispute** außer allem Zweifel *M*

big groß, hoch; stark, dick, breit

bilinear bilinear *M*

bind (bound, bound) binden, verbinden; zusammenhalten *P C*

biological biologisch *C*

blank Leerstelle, Lücke; blind *M*

block Block, Einheit; blocken, hemmen, sperren *M C*

blue blau, Blau- *P C*

body Körper; Menge, Masse *P C*

boil kochen, sieden; kochen lassen, zum Sieden bringen *C*

bombardment Bombardierung, Beschießung, Beschuß *P*

bond Bindung; binden *C*

bonding Bindung *C*

book Buch

both beide; **both . . . and** sowohl . . . als auch

bound Schranke, Grenze; begrenzen, beranden *M*

boundary Grenze, Grenzlinie, Grenzfläche, Rand; Grenz-, Rand- *M P*

bounded beschränkt; gerändert *M*

box Kasten, Kästchen, Behälter; Rubrik *M*

branch Ast, Zweig; sich verzweigen *M*

branching Verzweigung *C*

break (broke, broken) brechen; reißen; abreißen, zerreißen; abbrechen, durchbrechen; unterbrechen; Bruch, Riß, Unterbrechung *P*

brevity Kürze *M*

bridge Brücke *C*

bring (brought, brought) bringen; **bring about** herbeiführen, hervorrufen, zustande bringen

broad breit, weit; grob; allgemein *P C*

build (built, built) bauen, aufbauen *M C*

bulk Masse, Menge, Umfang, Volumen *P*

but aber, sondern, jedoch; außer, als; erst, nur

by durch, von, mit; in; nach, gemäß; bei, neben, an; an . . . vorüber; bis, gegen; **by now** mittlerweile; **by the way** übrigens

C

calculate rechnen, berechnen, ausrechnen, errechnen, kalkulieren *M P*

calculation Rechnung, Berechnung, Kalkulation *M P*

call nennen, bezeichnen; rufen; Signal, Ruf; **be called** heißen

can (could) kann; **cannot** kann nicht

canonical kanonisch *M*

capable (of) fähig, imstande *M C*

capacity Kapazität; Fähigkeit, Kraft, Vermögen; Mächtigkeit; Leistungsfähigkeit; Fassungsvermögen, Volumen *M C*

carbon Kohlenstoff; Kohlen- *P C*

card Karte *M*

care Sorgfalt; Obacht; Aufmerksamkeit, Vorsicht; Pflege, Wartung *P*

carrier Träger *P*

carry tragen, transportieren, befördern; führen; **carry out** ausführen, durchführen

case Fall, Umstand; Ereignis; Sache; Mantel; Gehäuse

catalysis Katalyse *C*

catalyst Katalysator *C*

catalyze katalysieren *C*

category Kategorie, Klasse, Ordnung *M*

cathode Kathode *P*

cause verursachen, bewirken, führen zu; Ursache, Grund, Anlaß

cell Zelle; Element; Kammer

cellulose Zellulose *C*

central zentral, zentrisch; Zentral-, Mittel- *M P*

centre, center Zentrum, Mitte, Mittelpunkt; Sitz, Herd; Zentri-

certain bestimmt, sicher, gewiß

certainly zweifellos, bestimmt

chain Kette

chamber Kammer, Raum *P*

change Wechsel, Änderung, Veränderung, Umwandlung; Substitution; wechseln, ändern, verändern, umwandeln; substituieren; sich ändern, sich verändern, sich verwandeln

chapter Kapitel, Abschnitt

character Charakter; Kennzeichen, Merkmal; Art, Beschaffenheit, Wesen; Schriftzeichen, Druckzeichen *M*

characteristic charakteristisch, kennzeichnend; Kenn-, Eigen-;

Charakteristik; Charakteristikum, Merkmal, Kennziffer, Kennkurve

characterization Charakterisierung *M*

characterize charakterisieren, kennzeichnen; darstellen, beschreiben *M C*

charge Ladung, Aufladung, Beschickung; laden, aufladen, beschicken *P C*

check prüfen, überprüfen, nachprüfen, kontrollieren; hemmen; Prüfung, Kontrolle, Probe, Vergleich *M P*

chemical chemisch; Chemikalie *P C*

chemist Chemiker *C*

chemistry Chemie *C*

chloride Chlorid *C*

chlorine Chlor *C*

choice Wahl, Auswahl *M C*

choose (chose, chosen) wählen, auswählen; vorziehen

chromatography Chromatographie *C*

circle Kreis(-fläche, -linie, -inhalt) *M*

circuit Kreis, Strom, Stromkreis *P*

circumference Kreisumfang, Peripherie, Umfang *M*

circumstances *Pl* Umstände, Verhältnisse

claim behaupten; fordern; Behauptung; Forderung *M*

class Klasse, Gruppe, Ordnung, Gattung; Art, Sorte

classical klassisch, mustergültig *M P*

classification Klassifikation *M*

clear klar, deutlich; rein; licht

clearly klar, deutlich, eindeutig

close nahe, dicht, eng, lückenlos; fein, Fein-; schließen, beenden *M P*

closed geschlossen *M*

closely dicht, eng *M*

closure Hülle; Schluß; Abgeschlossenheit *M*

code Code *M*

coefficient Koeffizient, Beiwert, Beizahl, Vorzahl, Faktor, Konstante, Ziffer, Zahl, Wert *M P*

coherent kohärent, zusammenhängend *P*

coil Wickelung, Rolle, Schlinge, Spule *P*

coincide koinzidieren, zusammenfallen, zusammentreffen, übereinstimmen, sich decken *M*

cold kalt, Kalt-; Kälte *P*

collect sammeln, auffangen; sich ansammeln, sich vereinigen *P*

collide kollidieren, zusammenstoßen, zusammenprallen *P*

collision Kollision, Zusammenstoß, Zusammenprall, Prall, Stoß *P*

colo(u)r Farbe; Farb-, Farben-; färben *P C*

column Spalte; Säule, Kolonne *M*

combination Kombination, Verbindung, Vereinigung; Zusammenstellung, Zusammensetzung

combinatorial kombinatorisch *M*

combine kombinieren, verbinden, vereinigen, zusammensetzen, zusammenstellen; binden; in sich vereinen, besitzen; sich verbinden, sich vereinigen

come (came, come) kommen, gelangen

common gemein, gewöhnlich, allgemein; häufig; gemeinsam

commonly gewöhnlich

commutative kommutativ, vertauschbar *M*

commute kommutieren, vertauschen *M*

compact kompakt *M*

comparable vergleichbar *P*

comparatively vergleichsweise, verhältnismäßig *C*

compare vergleichen; as compared with im Vergleich mit

comparison Vergleich

complement Komplement; Ergänzung *M*

complete komplett, vollständig; Voll-, Ganz-; ergänzen, vervollständigen, vollenden

completely vollständig, vollkommen, völlig

complex komplex, kompliziert, zusammengesetzt; Komplex, Menge

complexity Komplexität *M*

complicated kompliziert; komplex, zusammengesetzt *M*

component Komponente, Bestandteil

composition Zusammensetzung, Aufbau, Struktur *P C*

compound Verbindung; zusammengesetzt *P C*

computation Berechnung, Rechnung; Rechentechnik *M*

computational rechnerisch; Rechen-; Computer- *M*

compute rechnen, errechnen, berechnen *M*

computer Rechner, Rechenmaschine, Computer *M*

concentrate konzentrieren, anreichern *C*

concentration Konzentration, Gehalt; Anreicherung, Verdichtung, Verstärkung; Sammlung, Ansammlung; Bündelung; Sättigungsgrad *P C*

concept Begriff, Vorstellung, Auffassung; Konzept, Konzeption *M C*

concern betreffen, angehen,

sich beziehen auf; Beziehung, Angelegenheit; Aufmerksamkeit; Interesse, Teilnahme; **be concerned (with)** beschäftigt sein, beteiligt sein; **have no concern with** nichts zu tun haben mit

concerning hinsichtlich, in bezug auf

conclude folgern, schließen; abschließen, beenden

conclusion Folgerung; Schluß, Ende

condition Bedingung, Voraussetzung; Zustand, Beschaffenheit, Lage; Umstände, Verhältnisse

conduction Leitung P

conductivity Leitfähigkeit, Leitwert P C

conductor Leiter P

cone Konus, Kegel M

confirm bestätigen, bekräftigen P

conform sich anpassen, sich richten nach; entsprechen M

congruence Kongruenz M

congruent kongruent M

connect verbinden, anschließen, zusammenfügen, koppeln; anschalten, einschalten, zusammenschalten

connection Verbindung, Zusammenhang, Beziehung; Bindung, Konnexion; Anschluß

consequence Konsequenz, Folge(rung), Resultat, Ergebnis; **as a consequence** folglich

consequently folglich, deshalb, so

consider betrachten, ansehen als, halten für; überlegen, erwägen; berücksichtigen

considerable beträchtlich, erheblich

consideration Betrachtung, Überlegung, Erwägung, Rücksicht, Berücksichtigung

consist (of, in) bestehen, zusammengesetzt sein (aus); bestehen (in)

consistent konsistent, fest; verträglich, vereinbar, widerspruchsfrei P

constant Konstante, Festwert; konstant, beständig, stetig, gleichbleibend, gleichmäßig; Dauer-, Gleich-

constitute bilden, darstellen

constraint Restriktion, Nebenbedingung; Bindung M

construct konstruieren, aufstellen, aufbauen M P

construction Konstruktion, Aufbau M

contact Kontakt, Berührung C

contain enthalten; aufgehen

content Gehalt, Inhalt P C

context Kontext M

continue fortsetzen, fortfahren; fortdauern, weitergehen, beharren, dauern

continuous kontinuierlich, stetig; andauernd, ständig; zusammenhängend M P

contraction Kontraktion, Zusammenziehung P

contradiction Widerspruch M

contribute beitragen, einen Beitrag leisten; mitwirken P C

contribution Beitrag; Mitwirkung P

control Steuerung, Regelung, Kontrolle; Aufsicht, Überwachung; Regler, Schaltung; steuern, regeln, kontrollieren; überwachen M C

convenient passend, geeignet, günstig M P

conventional konventionell, herkömmlich, üblich

converge konvergieren M

convergence Konvergenz, Annäherung M

convergent konvergent M

converse umgekehrt; Umkehrung M

conversely umgekehrt, im umgekehrten Fall

conversion Umwandlung, Überführung, Umsetzung; Umformung C

convert umwandeln, überführen, umsetzen; umformen C

convex konvex M P

coordinate Koordinate; zuordnen M P

copper Kupfer P C

core Kern; Ader, Seele; Rumpf M P

corollary Korrolar, Folgerung M

correct korrekt, richtig, genau; korrigieren, berichtigen M P

correction Korrektur, Berichtigung, Bereinigung M P

correspond (to) korrespondieren, entsprechen, übereinstimmen M P

correspondence Korrespondenz, Entsprechung M

corresponding entsprechend; Korrespondenz- M

correspondingly dementsprechend, so

cost Kosten; kosten M

could konnte, war imstande; könnte

count zählen; Zählung; Rechnung M P

countable abzählbar M

counter Zähler, Zählwerk P

counterpart Gegenstück, Duplikat M

counting Zählen, Zählung P

couple kuppeln, ankuppeln; koppeln, ankoppeln; schalten, anschalten P

course Lauf, Verlauf, Ablauf, Gang; **of course** natürlich, selbstverständlich

cover decken; überlagern; umfassen; zurücklegen M

covering Bedeckung, Überdeckung M

crack kracken, (auf)spalten C

criterion Kriterium, unterscheidendes Merkmal P

critical kritisch; Grenz- P

cross Kreuz; Kreuzungspunkt; kreuzen, überkreuzen; sich kreuzen, sich schneiden; quer; Quer- P

cross-section Querschnitt, Wirkungsquerschnitt P

crude roh, unbearbeitet, grob; ungenau; Roh-; Rohstoff, Rohöl C

crystal Kristall P C

crystalline kristallin C

cube Kubus, Würfel, Hexaeder; dritte Potenz; Kubikzahl P

cubic kubisch, würfelförmig, tesseral, Kubik-, Körper-, Raum- P

current Strom; Strömung P

curve Kurve, Kurvenlinie; Krümmung, Biegung, Bogen; sich biegen, krümmen

customary üblich, herkömmlich, gebräuchlich M

cut (cut, cut) schneiden, einschneiden, abschneiden; abschalten; kreuzen; unterbrechen; sich schneiden, sich kreuzen; Schnitt P C

cycle Zyklus, Periode, Kreislauf; Kreis; Schwingung M P

D

data Pl Daten, Angaben, Kennziffern, Werte; Ergebnisse

data processing Datenverarbeitung M

day Tag C

deal (dealt, dealt) (with) sich beschäftigen, sich befassen (mit); behandeln, handeln (von) *M C*

decay Zerfall, Abbau, Zersetzung; Abklingen, Abfall; Ausschwingen *P C*

decompose zerlegen, spalten, abbauen; zergliedern; zerfallen, sich auflösen *M C*

decomposition Zerlegung, Spaltung, Abbau; Zergliederung; Zersetzung, Zerfall, Auflösung *M C*

decrease abnehmen, sinken, zurückgehen, sich verringern; verringern, vermindern, verkleinern, reduzieren, senken; Abnahme; Verminderung, Verringerung

decreasing abnehmend, abfallend *M*

deduce deduzieren, ableiten, herleiten; folgern, schließen *M P*

defect Defekt, Fehler, Mangel, Schaden *P*

define definieren, bestimmen; festlegen, begrenzen

definite definit, bestimmt, klar, eindeutig *M C*

definition Definition, Bestimmung; Auflösungsschärfe *M P*

degree Grad, Stufe, Ausmaß; Potenz *M C*

delete streichen, tilgen *M*

demand Bedarf; Forderung; fordern, verlangen, beanspruchen *M C*

demonstrate demonstrieren, zeigen, vorführen, darstellen; beweisen *P C*

denote benennen, bezeichnen *M P*

dense dicht *M*

density Dichte, Dichtigkeit *M P*

depend (upon, on) abhängen, abhängig sein; beruhen

dependence Abhängigkeit

dependent abhängig

depth Tiefe *P*

derivation Derivation, Ableitung, Herleitung; Differenzierung *M*

derivative Derivat, Abkömmling; Derivierte, Ableitung, Differentialquotient

derive ableiten, herleiten; differenzieren; hernehmen, beziehen, gewinnen; **be derived** herkommen, stammen

describe beschreiben, darstellen

description Beschreibung, Darstellung

design Entwurf, Plan, Konstruktion; entwerfen, planen, konstruieren *M C*

desirable wünschenswert, erwünscht, zweckmäßig *M C*

desired gewünscht *M*

detail Detail, Einzelheit; Angabe; detaillieren, eingehend beschreiben

detect entdecken, finden, ermitteln, nachweisen *M P*

detector Detektor, Demodulator; Nachweisgerät *P*

determination Bestimmung; Festsetzung, Abgrenzung; Nachweis, Ermittlung

determine determinieren, bestimmen, festsetzen, abgrenzen; nachweisen, ermitteln

develop sich entwickeln, sich ausbilden, entstehen; entwickeln, ausbilden, ausarbeiten

development Entwicklung, Entstehung, Wachstum, Ausbildung; Ausarbeitung

deviation Deviation, Abweichung, Ablenkung *P*

device Vorrichtung, Gerät, Apparat

devote (to) widmen, zuwenden; sich widmen *C*

diagonal diagonal; Diagonale *M*

diagram Diagramm, Schaubild, Schema, graphische Darstellung; graphisch darstellen *M P*

diameter Diameter, Durchmesser *P*

diamond Diamant; Rhombus, Raute *P*

dielectric dielektrisch, nichtleitend; Dielektrizitäts- *P*

differ differieren, sich unterscheiden, verschieden sein, abweichen

difference Differenz, Unterschied, Abweichung

different verschieden, unterschiedlich, abweichend

differentiable differenzierbar, ableitbar *M*

differential differentiell, Differential-; Differential *M P*

differentiation Differenzierung, Unterscheidung; Ableitung *M*

difficult schwierig, schwer, problematisch

difficulty Schwierigkeit

diffraction Diffraktion, Beugung *P*

diffuse diffus, zerstreut; diffundieren, sich ausbreiten, sich zerstreuen, wandern *P C*

digit Ziffer, Zahl *M*

digital digital, ziffernmäßig *M*

dimension Dimension, Ausdehnung; Abmessung, Ausmaß

dimensional dimensional *C*

diode Diode *P*

direct direkt, unmittelbar, gerade, Gleich-; Skalar-; rechtsläufig, geradläufig; richten, lenken, orientieren

direction Richtung, Orientierung; Sinn

directly direkt, unmittelbar; sofort

discharge Entladung, Ausströmung, Abfluß; Ausstoßung, Auswurf; entladen, ausströmen (lassen), abfließen, ablaufen *P C*

discover entdecken, feststellen, nachweisen *P C*

discovery Entdeckung, Fund; Nachweis *C*

discrete diskret *M*

discuss diskutieren, erörtern, besprechen, näher ausführen, darstellen, darlegen

discussion Diskussion, Erörterung, Besprechung, Darlegung, Ausführung

disintegration Abbau, Zerfall, Zersetzung, Auflösung *P C*

disjoint disjunkt; Trenn-; trennen *M*

disk Scheibe, Platte; Linse *M P*

dispersion Dispersion, Streuung, Verteilung *P C*

displace ersetzen; verdrängen, verlagern, verschieben *C*

dissolve lösen, auflösen, sich (auf)lösen *C*

distance Distanz, Abstand, Entfernung; Strecke, Weg

distil destillieren *C*

distillation Destillation *C*

distinct deutlich, bestimmt, klar; verschieden(artig) *M P*

distinction Unterschied, Unterscheidung; Besonderheit *C*

distinguish unterscheiden; charakterisieren; wahrnehmen, erkennen *M C*

distortion Verzerrung, Verbiegung, Verdrehung *P*

distribute verteilen *M*

distribution Distribution, Verteilung *M P*

divergent divergent, divergierend *M*

divide dividieren, teilen, einteilen, trennen *M C*

division Division; Teilung; Trennung *M*

do (did, done) tun, machen, verrichten, ausführen, durchführen; leisten, vollbringen

domain Bereich, Definitionsbereich; Gebiet *M*

dot Punkt; punktieren *P*

double zweifach, doppelt, Doppel-; verdoppeln, sich verdoppeln; das Doppelte, das Zweifache

doubt Zweifel; bezweifeln

down nach unten, hinunter, herunter, herab, hinab, abwärts; unten *P C*

downward nach unten, abwärts, fallend, absteigend; Ab-, Abwärts- *P*

draw (drew, drawn) ziehen; zeichnen

drop Tropfen; Fall, Abfall, Gefälle; tropfen; fallen, sinken; fallenlassen *P C*

dry trocknen; trocken *C*

dual dual *M*

duality Dualiät *M*

due (to) infolge, wegen, durch, auf Grund; **be due to** sich ergeben aus, zurückzuführen sein auf, verursacht werden durch

during während

dye Farbstoff, Farbe, Färbemittel; färben *C*

E

each jeder (einzelne); jeweils
  each other einander

early früh, frühzeitig; baldig

earth Erde *P C*

easily leicht, mühelos

edge Rand, Kante; Schneide *P*

effect Effekt, Wirkung, Leistung; Ergebnis, Folge; bewirken, verursachen

effective effektiv, wirksam, wirkungsvoll; Nutz-, Wirk- *P*

efficiency Wirkungsgrad, Leistungsfähigkeit, Nutzeffekt; Wirksamkeit *P*

efficient effizient, wirksam, wirkungsvoll, leistungsfähig *P*

effort Anstrengung, Bemühung *C*

eigenvalue Eigenwert *M P*

either jeder (von zweien); **either ... or** entweder ... oder

elastic elastisch, federnd; Elastizitäts- *P*

electric(al) elektrisch, Elektro-, Elektrizitäts- *P C*

electrode Elektrode *C*

electromagnetic elektromagnetisch *P*

electromechanical elektromechanisch *M*

electron Elektron *P C*

electronic elektronisch *P C*

element Element; Zelle; Pol; Bauteil; Grundlage

elementary elementar; Elementar-, Grund- *M*

eliminate eliminieren, aussondern; entfernen, beseitigen *M C*

emerge entstehen, auftreten, sich ergeben; austreten *P C*

emission Emission, Strahlung, Aussendung, Abgabe *P*

emit emittieren, ausstrahlen, abstrahlen, aussenden, abgeben *P*

emphasis Emphase, Nachdruck, Betonung *M*

empirical empirisch *C*

employ verwenden, benutzen, gebrauchen; beschäftigen *P C*

enable befähigen; möglich machen *P C*

encounter begegnen, zusammentreffen, stoßen auf *M C*
end Ende, Resultat; Zweck;
enden, aufhören; beenden
energetic energetisch *P*
energy Energie; Arbeit, Kraft,
Leistung *P C*
engine Motor, Maschine *P C*
engineering Technik; Maschi-
nenbau; technisch *M*
enhance erhöhen, steigern, verstärken; sich erhöhen *P C*
enough genug, genügend, ausreichend
enter eintreten, gelangen; eingeben; eintragen
entire ganz, vollständig, völlig
environment Umgebung, Umwelt *C*
enzyme Enzym *C*
equal gleich, gleichartig, gleichmäßig; Gleichheits-; gleichen,
gleich sein; ergeben
equally ebenso; zu gleichen Teilen *M*
equality Gleicheit *P*
equation Gleichung
equilibrium Gleichgewicht *P C*
equipment Ausrüstung, Aus-
stattung, Einrichtung; Geräte,
Apparatur, Zubehör *C*
equivalent Äquivalent; äquivalent, gleichwertig; Ersatz-
error Fehler, Abweichung; Irrtum *M P*
escape entweichen, ausströmen;
vermeiden *C*
especially besonders, vor allem
M C
essential wesentlich, wichtig,
notwendig, unentbehrlich
essentially im wesentlichen,
hauptsächlich
establish errichten, einrichten;
aufstellen; feststellen, bestimmen
ester Ester *C*

estimate schätzen, bestimmen;
Schätzung, Überschlag
ethane Ethan *C*
ethyl Ethyl *C*
ethylene Ethylen *C*
evaluate bewerten, beurteilen,
berechnen, abschätzen; auswerten *M P*
evaluation Bewertung, Berechnung, Auswertung *M*
even sogar, selbst; gleichmäßig,
regelmäßig, eben; gerade,
geradlinig, geradwertig
event Ereignis, Vorfall; Fall
M P
eventually schließlich, endlich,
am Ende *M*
every jeder
everywhere überall, überallhin
M
evidence Beweis, Nachweis *P*
C
evident evident, offenbar, offensichtlich, klar *M*
exact exakt, genau; streng
examine prüfen, untersuchen *M*
example Beispiel; **for example**
zum Beispiel
exceed übersteigen, überschreiten, größer sein als *M*
exceedingly äußerst, überaus *C*
except außer, mit Ausnahme
von, bis auf, ausgenommen
exchange Austausch, Wechsel;
austauschen, auswechseln *P C*
excitation Anregung, Erregung
P
excite anregen, erregen *P*
exercise Übung; ausüben *M*
exert ausüben; gebrauchen, anwenden *P*
exhibit zeigen, aufweisen; aus-
stellen *C*
exist existieren, bestehen, vorhanden sein
existence Existenz, Vorkommen, Vorhandensein

expand expandieren, ausweiten, erweitern; entwickeln; sich ausdehnen *P*

expansion Expansion, Ausdehnung, Erweiterung; Entwicklung *M P*

expect erwarten; annehmen, vermuten

experience Erfahrung, Praxis, Empirie; erfahren, erleiden *P C*

experiment Experiment *P C*

experimental experimentell; Experimental-, Versuchs- *P C*

explain erklären, erläutern, darlegen

explanation Erklärung, Erläuterung, Darlegung

explicit explizit, entwickelt *M*

exponential exponentiell *M*

express ausdrücken, äußern; bezeichnen, beschreiben

expression Ausdruck; Formel

extend ausdehnen, erweitern, verlängern; sich erstrecken, sich ausdehnen

extension Ausdehnung, Erweiterung, Verlängerung *M*

extensive extensiv, ausgedehnt, umfassend; weit, geräumig *P C*

extent Umfang, Ausmaß, Ausdehnung; Betrag; Bereich *M C*

external äußerer, äußerlich, Außen-; oberflächlich; fremd, Fremd- *P C*

extraction Extraktion, Entzug; Gewinnung *C*

extremely äußerst, sehr, außerordentlich *C*

eye Auge, Öse *P*

F

face Fläche, Oberfläche, Seitenfläche; Stirnseite, Vorderseite, Außenseite; begegnen, gegenüberstehen; **be faced with** gegenüberstehen, vor (etwas) stehen *P*

facility Möglichkeit; **facilities** *Pl* Erleichterungen, Vorteile; Einrichtungen, Anlagen *M*

fact Fakt, Tatsache, Sachverhalt; **in fact** tatsächlich, wirklich

factor Faktor, Koeffizient; Umstand

factorization Faktorenzerlegung *M*

fail mißlingen, versagen, nicht in der Lage sein *M C*

failure Mißlingen, Versagen, Unvermögen *M*

fall (fell, fallen) fallen, abfallen, sinken; Fall; Neigung, Gefälle *M P*

familiar bekannt, gewohnt, vertraut *M C*

family Familie; Gattung; Schar *M C*

far weit, fern, entfernt; Fern-; weitaus

fast schnell; fest, beständig

favo(u)r begünstigen, erleichtern, fördern; **in favo(u)r of** zugunsten

feature Merkmal, Wesenszug, Besonderheit

feed (fed, fed) zuleiten, zuführen, füllen, speisen, einspeisen, beschicken *C*

fermentation Fermentation, Gärung *C*

few wenige; **a few** einige

fibre, fiber Fiber, Faser, Faden *C*

field Feld; Bereich, Gebiet,

Fachgebiet; Körper; Fläche;
Strecke
figure Abbildung, Diagramm;
Ziffer, Zahl; Figur, Form,
Gestalt
fill füllen *C*
film Film, Schicht, Belag;
Häutchen *P*
filter Filter; filtrieren *C*
final letzter; End-, Schluß-,
Final-
finally schließlich, endlich zuletzt; endgültig
find (found, found) finden, bestimmen, feststellen, ermitteln;
suchen, peilen
fine fein, dünn, spitz; sehr klein;
genau, präzise; Fein- *P C*
finite finit, endlich, begrenzt
M P
first erster, zuerst, in erster Linie; erstens
fit anpassen, einzeichnen; passen, sitzen; Anpassung, Pas-
sung, Sitz
fix fixieren, feststellen; festlegen, bestimmen; befestigen
P C
fixed fest; Fest-, Fix-; stationär
M
fixation Fixierung; Festlegung
C
flame Flamme *C*
flask Kolben *C*
flat flach, eben, plan; gestreckt,
stumpf; Flach-, Plan-; Ebene,
Fläche *P*
flexibility Flexibilität, Biegsamkeit *C*
flow Fluß, Strom, Strömung;
fließen, strömen
fluctuation Fluktuation,
Schwankung *P*
fluid fluid, flüssig; Fluid, Flüssigkeit; strömendes Medium *C*
flux Fluß, Strömung *P*
focus Fokus, Brennpunkt,

Sammelpunkt; fokussieren,
scharf einstellen, bündeln; konzentrieren *P*
follow folgen, verfolgen; sich
ergeben, die Folge sein; einhalten; **as follows** wie folgt,
folgendermaßen
following folgend
for für, wegen, zu; anstatt;
trotz, bei; für die Dauer von;
weil; denn
force Kraft, Stärke, Vermögen;
zwingen *P C*
form Form, Gestalt; Anordnung,
System, Schema; formen, bilden, ausmachen; sich formen,
sich bilden; anordnen
formal formal, formell *M*
formation Formation; Bildung,
Formung, Gestaltung; Ent-
stehung, Entwicklung; Struktur, Zusammensetzung *P C*
former früher, vorherig; er-
sterer *M C*
formula Formel, Gleichung;
Satz, Regel
forward vorwärts, nach vorn,
vor, voran; vorderer; vorwärts
gerichtet, Vorwärts- *P*
foundation Grundlage, Fundament; Gründung *C*
fraction Fraktion; Bruch;
Bruchteil *M C*
fragment Fragment, Bruch-
stück; Spaltprodukt *C*
free frei
frequency Frequenz, Häufigkeit
frequently häufig
from von, aus; seit
front Front; Vorderseite, Stirnseite; Vorder-; **in front of** vor
P
fuel Brennstoff, Treibstoff *C*
fulfil erfüllen, ausführen; genügen *M*
full voll, vollkommen, ganz;
genau, ausführlich; Voll-

fume Rauch *C*

function Funktion; Zweck; abhängige Variable; funktionieren, fungieren, arbeiten; dienen als

functional funktional, funktionell; Funktional, Funktionswert; Funktions-

fundamental fundamental, grundlegend; wesentlich, grundsätzlich, elementar; Grund-, Haupt-, Elementar-;

fundamentals *Pl* Grundlagen

funnel Trichter *C*

further weiterer, fernerer; weiterhin, ferner, außerdem, im folgenden

furthermore außerdem, ferner, darüber hinaus

future zukünftig; Zukunft *M*

G

gain erlangen, gewinnen; zunehmen; Zunahme, Gewinn *C*

game Spiel *M*

gamma Gamma *P*

gas Gas *P C*

gaseous gasförmig, gasartig; Gas- *C*

gasoline Benzin *C*

ga(u)ge Meßgerät, Messer *P*

general generell, allgemein, gebräuchlich, üblich; Gesamt-; **in general** im allgmeinen, gewöhnlich

generalize verallgemeinern *M*

generally im allgemeinen, meistens

generate generieren, erzeugen, entwickeln *M P*

geometric geometrisch *M*

geometry Geometrie *M*

get (got, got) erhalten, bekommen, gewinnen, erzeugen; beschaffen; lassen; werden

giant riesig; Riesen- *C*

give (gave, given) geben, ergeben; gleich sein

given gegeben *M*

glass Glas; gläsern, Glas- *P C*

go (went, gone) gehen; verlaufen, sich erstrecken, reichen; führen; **go back to** zurückgehen auf

goal Ziel, Zweck *M C*

good gut, einwandfrei; gültig

grain Korn; Gran *P*

graph Diagramm; Bild, graphische Darstellung, Figur *M P*

great groß; beträchtlich, bedeutend, wichtig; Groß-

greatly sehr, stark, in hohem Maße, höchst

green grün *P*

ground Grundlage, Basis; Grund, Veranlassung, Ursache; Boden; **on grounds of** auf Grund, wegen

group Gruppe; gruppieren, anordnen, klassifizieren

grow (grew, grown) wachsen, zunehmen; sich vermehren, sich vergrößern; werden

growth Wachstum, Zunahme, Vergrößerung; Anstieg

guarantee garantieren *M*

H

half Hälfte; halb, Halb- *M C*

hand Hand; Seite; Zeiger; **on the other hand** andererseits

handle handhaben, bedienen; behandeln *C*

happen vorkommen, geschehen, sich ereignen *M*

hard hart, fest; schwer, schwierig *P*

harmonic harmonisch; Harmonische; Oberton, Nebenton, Teilton *P*

have (had, had) haben; lassen; **have to** müssen

he er

heat Wärme, Hitze; erwärmen, erhitzen; heizen *P C*

heavy schwer, groß; Stark- *P C*

height Höhe, Größe *P*

help helfen, unterstützen, fördern; Hilfe, Unterstützung, Förderung *P C*

hence folglich, daher, deshalb; daraus

here hier; hierher; hierzu

high hoch, groß, stark; reich

highly sehr, stark, höchst

hint hinweisen, andeuten; Hinweis *M*

his sein *Possessivpronomen*

hold (held, held) halten; enthalten, fassen; tragen; gelten, stimmen; meinen, glauben; halten für

hole Loch; Öffnung; Defektelektron *P C*

holomorphic holomorph *M*

homeomorphism Homöomorphie *M*

homomorphic homomorph *M*

homomorphism Homomorphie *M*

hope hoffen; Hoffnung *M C*

horizontal horizontal, waagerecht; Horizontal- *P*

hot heiß, warm, glühend; Heiß-, Warm-, Glüh- *P C*

how wie

however jedoch, aber, dennoch, wie auch immer

hydrocarbon Kohlenwasserstoff *C*

hydrogen Wasserstoff *P C*

hypothesis Hypothese, Annahme, Voraussetzung *M P*

I

idea Idee, Begriff, Vorstellung, Gedanke; Meinung

ideal ideal, vollkommen; Ideal *M C*

idempotent Idempotent; idempotent *M*

identical identisch, gleich

identifier Identifier, Bezeichner, Zuordner *M*

identify identifizieren, bestimmen, nachweisen, feststellen; erkennen

identity Identität *M C*

if wenn, falls; ob; **if ... then** wenn ... dann; **if any** wenn überhaupt

illustrate illustrieren, veranschaulichen, erläutern, erklären

image Bild, Abbild, Abbildung; abbilden *M P*

imbed einbetten, verankern *M*

immediate direkt, unmittelbar *M*

immediately sofort; direkt, unmittelbar *M*

impact Wirkung, Einfluß; Stoß, Anprall, Aufschlag, Auftreffen, Einschlag, Schlag; Druck, Zusammenstoß *P*

implement Gerät, Werkzeug; Zubehör *M*

imply implizieren, einschließen, enthalten; bedeuten, besagen *M*

importance Bedeutung, Wichtigkeit

important wichtig, bedeutend, wesentlich

impossible unmöglich, ausgeschlossen *M*

improve verbessern, vervollkommnen; sich verbessern, sich vervollkommnen, besser werden

improvement Verbesserung, Vervollkommnung *M*

impurity Unreinheit, Verunreinigung; Fremdatom *P C*

in in, innerhalb; an; bei; auf

incident einfallend, auffallend; eintreffend, vorkommend; inzident, teilweise ineinanderliegend *P*

include einschließen, umfassen, enthalten; **including** einschließlich

incorporate inkorporieren, einschließen, aufnehmen

increase vergrößern, erhöhen, steigern; zunehmen, sich vergrößern, sich erhöhen, sich steigern, wachsen; Vergrößerung, Erhöhung, Steigerung; Zunahme, Anstieg, Zuwachs

indeed in der Tat, tatsächlich, wirklich

independent (of) unabhängig *M P*

index Index, Kennziffer, Kennzahl, Richtzahl; Wert; Koeffizient, Faktor, Exponent; Zeiger, Nadel, Zunge; Inhaltsverzeichnis, Register

indicate indizieren, anzeigen, angeben, andeuten; hindeuten, hinweisen; vorschreiben

indispensable unentbehrlich, unerläßlich, unbedingt erforderlich *C*

individual individuell, einzeln, verschieden; Einzel-; Gegenstands-

induce induzieren, erregen; hervorrufen, bewirken, auslösen *M P*

industrial industriell, großtechnisch; Industrie- *C*

industry Industrie, Industriezweig *C*

inelastic unelastisch *P*

inequality Ungleichung, Ungleichheit *M*

infer schließen, schlußfolgern; annehmen, vermuten, voraussetzen *M*

inference Schluß, Schlußfolgerung; Annahme, Vermutung, Voraussetzung *M*

infinite unendlich, unbegrenzt *M*

infinity Unendlich, Unendlichkeit *M*

influence Einfluß; Wirkung, beeinflussen, einwirken; bedingen *P C*

information Information; Nachricht; Kenntnis, Wissen; Aufschluß

initial anfänglich; Anfangs-, Ausgangs-

inner inner; Innen- *M*

inorganic anorganisch *C*

input Input, Eingabe; Eingangsleistung *M*

insert einschieben, einsetzen, einschalten, einfügen, einlegen *M*

inside im Inneren, innerhalb; nach innen; inner, licht; Innen- *M P*

insoluble unlöslich *C*

instance Beispiel, Fall; **for instance** zum Beispiel

instead (of) anstelle, anstatt; statt dessen

instruction Befehl, Anweisung *M*

instrument Instrument, Werkzeug, Gerät; Vorrichtung *P*

integer ganze Zahl *M P*

integrable integrierbar *M*

integral Integral; ganz, ganzzahlig; integrierend, vollständig *M C*

integrand Integrand *M*

integrate integrieren, einbeziehen *M P*

integration Integrierung, Integration *M*

intensity Intensität, Stärke *P*

interaction Wechselwirkung, Zusammenwirken *P*

interest Interesse, Anteil; Nutzen, Zins

interested interessiert, beteiligt

interesting interessant

interference Interferenz, Störung; Stör- *P*

interior Inneres, Innenfläche, Innenseite, Innenraum, inner; Innen- *M*

intermediate intermediär, dazwischen liegend; Intermediär-, Zwischen-; Zwischenprodukt *C*

internal inner; Innen- *P*

interpolation Interpolation *M*

interpret interpretieren, deuten; auswerten *M P*

interpretation Interpretation, Deutung; Auswertung *P*

intersection Schnitt; Durchschnitt; Durchdringung *M*

interval Intervall, Spanne, Strecke; Zwischenraum; Zwischenzeit; Abstand *M P*

into in, in . . . hinein

introduce einführen, einleiten; einziehen, einlegen; einrichten

introduction Einführung, Einleitung; Zuführung; Einrichtung

invariant invariant; Invariante *M P*

inverse invers, reziprok; entgegengesetzt, entgegengerichtet, umgekehrt; Inverse, Umgekehrte *M*

investigate untersuchen, erforschen, ermitteln

investigation Untersuchung, Erforschung, Ermittlung

involve einbeziehen, einbegreifen, einschließen, umfassen, enthalten; betreffen; zusammenhängen mit; mit sich bringen, zur Folge haben

iodine Iod *C*

ion Ion *P C*

ionization Ionisierung, Ionisation *P*

iron Eisen; eisern; Eisen- *P C*

irradiation Bestrahlung, Ausstrahlung, Überstrahlung *P*

irreducible irreduzibel, nicht reduzierbar *M*

isolate isolieren, absondern, trennen *P C*

isomorphic isomorph, eindeutig *M*

isomorphism Isomorphie, eindeutige Entsprechung *M*

isotope Isotop *C*

isotopic isotop(isch); Isotopen- *P*

it es

item Datenwort, Element; Fall, Einzelfall; Einzelheit; Punkt, Gegenstand; Position, Nummer *M*

iteration Iteration, Wiederholung *M*

its sein *Possessivpronomen*

itself selbst; sich

J

join verbinden, vereinigen, zusammenfügen; sich verbinden, sich vereinigen, zusammentreffen *M*

jump springen *P*

just gerade, eben, gerade noch; genau; nur, bloß, lediglich

justify rechtfertigen *P*

K

keep (kept, kept) halten, festhalten, behalten; einhalten;
aufbewahren; bleiben *C*
kernel Kern *M*
kind Art, Sorte, Beschaffenheit; Weise
kinetic kinetisch *P C*
kinetics Kinetik *P C*
know (knew, known) kennen;
wissen
knowledge Kenntnis(se); Wissen
known bekannt

L

label bezeichnen, benennen,
markieren; Bezeichnung, Markierung; Etikett, Aufschrift
P C
laboratory Laboratorium *P C*
lack Mangel; Fehlen; fehlen,
ermangeln, nicht haben *M C*
language Sprache *M*
large groß; breit; weitgehend,
umfassend
laser Laser *P*
last letzter; vorig, vergangen;
dauern; **at last** zuletzt, schließlich
late spät; Spät-; **as late as** erst
later später
latter letzterer
lattice Gitter
law Gesetz; Satz; Prinzip;
Regel
lay (laid, laid) legen *C*
layer Schicht, Lage *P C*
lead (led, led) führen, leiten;
Blei

leaf Blatt; Folie *C*
least kleinster, geringster; am
wenigsten; **at least** mindestens,
wenigstens, zumindest
leave (left, left) lassen; zurück-
lassen, verlassen, übrig lassen
left Linke, linke Seite; linker,
Links-; links *M P*
lemma Lemma, Hilfssatz, Satz
M
length Länge; Strecke; Dauer
lens Linse *P*
less kleiner, weniger, geringer
let (let, let) lassen; **let ... be ...**
es sei, angenommen; **let us** wir
wollen *M P*
letter Buchstabe; Zeichen *P*
level Höhe, Niveau, Ebene, Pegel; Spiegel, Grad, Stufe,
Stand; Libellenwaage *P C*
lie (lay, lain) liegen
light Licht; licht, hell; leicht
P C
like wie; gleich, ähnlich, gleichnamig
likely wahrscheinlich *C*
limit Grenze; Grenzwert, Limes;
begrenzen, beschränken, einengen
limitation Grenze, Begrenzung;
Einschränkung *C*
limited begrenzt, beschränkt;
endlich *M*
line Linie, Gerade; Schenkel,
Strahl, Strecke; Reihe, Band;
Zeile, Strich; linieren, ausklei-
den, füttern
linear linear, geradlinig; Linear-,
Linien-; Längen-, Längs-
linkage Bindung, Verbindung;
Aufhängung *C*
liquid Flüssigkeit; flüssig *C*
list registrieren, verzeichnen,
eintragen; Register, Verzeichnis, Liste
literature Literatur *M*
little wenig; klein; gering

load Last, Belastung; Beanspruchung; Ladung; Beschickung *P*

local lokal, örtlich; Orts-, Stellen- *M*

localize lokalisieren, begrenzen *P*

locate lokalisieren, der Lage nach bestimmen; **be located** gelegen sein *P C*

location Lage, Adresse, Ort *M*

long lang; unabgekürzt; Lang-; **no longer** nicht mehr

longitudinal longitudinal; Längs-, Längen- *P*

look (at, for) betrachten, ansehen; suchen (nach); **look like** aussehen wie *M*

lose (lost, lost) verlieren, einbüßen; abgeben *P C*

loss Verlust, Einbuße; Schwund, Minderung, Abfall; Ausfall

low niedrig, tief; gering, schwach; leise; Nieder-, Tief-, Schwach-

lower senken, herabsetzen, verringern, reduzieren; unterer

M

machine Maschine *M P*

macromolecular makromolekular *C*

macromolecule Makromolekül *C*

magnetic magnetisch; Magnet- *M P*

magnetization Magnetisierung *P*

magnitude Größe, Wert, Betrag, Menge *M P*

main hauptsächlich, größter, wichtigster; Haupt-; Hauptleitung, Hauptstrang

mainly hauptsächlich, größtenteils

maintain beibehalten, erhalten, aufrechterhalten; unterhalten, warten; behaupten

major groß, größer, wesentlich; Groß-, Haupt- *P C*

make (made, made) machen, bilden; herstellen, erzeugen, anfertigen; machen zu, werden lassen

manifestation Manifestation, Anzeichen *C*

manifold Mannigfaltigkeit; Vielfaches *M*

manipulation Handhabung, Betätigung, Bedienung *P*

man-made künstlich, synthetisch; Kunst- *C*

manner Art, Weise, Methode

many viele, viel; Viel-, Mehr-; **many a** manch ein

map abbilden; Abbildung *M*

mapping Abbildung *M*

mass Masse, Menge, Anzahl; Hauptteil *P C*

match angleichen, anpassen *P*

material Material, Stoff; Substanz *P C*

mathematical mathematisch *M*

mathematics Mathematik *M*

matrix Matrix; Matrize *M P*

matter Materie, Stoff, Substanz; Gegenstand, Sache; Bedeutung haben; **as a matter of fact** tatsächlich, wirklich; **no matter** (how, what, why) unabhängig davon, ganz gleich (wie, was, warum)

maximal maximal, größt; Maximal-, Höchst- *M*

maximize maximieren, maximisieren *M*

maximum Maximum, Höchstwert; maximal, höchst; Maximal-, Höchst-, Größt-

may (might) mag, kann, darf

mean mittlerer, gemittelt; Mittel, Mittelwert; Mittel-, Durchschnitts-

mean (meant, meant) bedeuten; meinen

meaning Bedeutung, Sinn *M*

means *Pl* Mittel, Werkzeug; Weg; **by means of** mittels, mit Hilfe von; **by no means** keineswegs, keinesfalls

measure Maß, Maßeinheit, Meßgröße; Meßgerät; Takt; Teiler; messen, abmessen, vermessen

measurement Messen, Messung, Vermessung; Dimension *P C*

mechanical mechanisch, maschinell; Maschinen-

mechanics Mechanik *P C*

mechanism Mechanismus; Wirkungsweise, Vorgang *P C*

medium Medium, Mittel, Träger; mittlerer; Mittel- *P C*

meet (met, met) treffen, zusammentreffen, zusammenstoßen, begegnen, sich treffen; erfüllen, entsprechen

melt (melted, melted/molten) schmelzen; Schmelze *C*

member Teil, Glied; Seite (*einer Gleichung*); Element (*einer Menge*) *M*

mention erwähnen, anführen, nennen; Erwähnung *M C*

merely nur, lediglich, bloß *M C*

meson Meson *P*

metal Metall *P C*

metallic metallisch *C*

meter Meßgerät, Meßwerkzeug, Meßuhr, Messer; Zählwerk, Zähler *P*

method Methode, Verfahren

methyl Methyl *C*

metric metrisch; Meter- *P*

microorganism Mikroorganismus *C*

microscope Mikroskop *C*

might konnte; könnte; möchte

mind Erinnerung, Gedächtnis; Ansicht; beachten, achtgeben *C*

mineral mineralisch; Mineral-; Mineral *C*

minimal minimal; Minimal-, Kleinst- *M*

minimum Minimum, Mindestwert, Kleinstwert; minimal, mindest, geringst; Minimal-, Kleinst-, Mindest-

minute Minute; Protokoll; minuziös, sorgfältig, sehr genau; sehr klein; ausführlich, eingehend *C*

mirror Spiegel *P*

mix mischen, vermischen; sich mischen, sich vermengen *C*

mixture Mischung, Gemisch *C*

mobile beweglich *C*

mode Mode, Schwingungsart; Modus, Scheitelwert; Art, Weise, Form *P C*

model Modell, Muster, Prototyp; modellieren

modification Modifizierung; Modifikation, Abwandlung, Variante *M*

modify modifizieren, abwandeln, variieren *M P*

module Modul *M*

molecular molekular, molar; Molekular-, Molekül-, Molar- *P C*

molecule Molekül, Molekel *P C*

moment Moment; Augenblick, Zeitpunkt *M P*

momentum Impuls; Bewegungsgröße; Schwung, Wucht *P*

monomer Monomer(e) *C*

monomeric monomer *C*

more mehr; **more or less** mehr oder weniger; **little more than** kaum mehr, gerade noch; **more and more** immer mehr; **once more** noch einmal

moreover außerdem, überdies, ferner

most meist, am meisten, der größte Teil; **most of** der größte Teil von; **at most** höchstens

motion Bewegung; Gang; Getriebe *P C*

motivate motivieren; begründen *M*

mount montieren, aufstellen; aufziehen, aufspannen; fixieren, auflegen, aufbringen *P*

move bewegen, in Bewegung setzen, verschieben, rücken; sich bewegen, sich verschieben, laufen, wandern; Bewegung, Schritt

movement Bewegung, Verschiebung, Lauf *C*

much viel; sehr

multiple multipel, mehrfach, vielfach; Mehr-, Mehrfach-, Vielfach-; Vielfaches *M C*

multiplication Multiplikation, Vervielfachung *M*

multiplier Multiplikator *M*

multiply (by) multiplizieren; sich vervielfachen

must (must) müssen; **must not** nicht dürfen

N

name Name, Bezeichnung, Benennung; nennen, benennen, bezeichnen *C*

namely nämlich, und zwar, das heißt

narrow eng, schmal, begrenzt; Schmal- *P*

natural natürlich; Natur-, Eigen-

nature Natur; Eigenart, Wesen, Charakter

near (to) nahe (bei), nah; Nah-

nearly beinahe, fast

necessarily notwendigerweise, unbedingt

necessary notwendig, nötig, erforderlich, unvermeidlich

necessity Notwendigkeit *M*

need brauchen, benötigen; erfordern; Notwendigkeit, Bedarf; Bedürfnis

negative negativ; minus; Negativ-, Minus-

neglect vernachlässigen, außer Acht lassen; übersehen *P*

negligible vernachlässigbar; geringfügig, unbedeutend, verschwindend *P*

neighbo(u)rhood Nachbarschaft, Umgebung *M*

net resultierend, effektiv, total; Rein- *C*

network Netz, Netzteil, System *M C*

neutral neutral; Null- *P C*

neutron Neutron *P*

nevertheless dennoch, trotzdem, nichtsdestoweniger

new neu; Neu-

next nächster; dann, darauf; **next to** gleich neben, gleich nach, folgend *M C*

nitrogen Stickstoff *C*

no kein

none keiner *M*

nonempty nichtleer *M*

nonlinear nichtlinear *M*

nonnegative nichtnegativ *M*

nonsingular nichtsingulär *M*

nontrivial nichttrivial *M*

nonzero von Null verschieden, nicht Null *M*

nor auch nicht

norm Norm; normen, normieren *M*

normal normal; regelmäßig, regulär, ordentlich; senkrecht; Normal-

not nicht

notation Notation; Bezeichnung *M*

note bemerken, erwähnen, feststellen; beachten, beobachten; notieren; Notiz, Anmerkung, Bemerkung; Zeichen

nothing nichts; Nichts *M*

notice bemerken, sehen, beachten; feststellen *M*

notion Begriff, Vorstellung *M*

now jetzt, nun, gegenwärtig

nuclear nuklear; Kern- *P C*

nucleon Nukleon *P*

nucleus Kern *P C*

number Zahl, Ziffer; Nummer; Anzahl; numerieren, zählen; rechnen

numerical numerisch, zahlenmäßig; Zahlen-

numerous zahlreich *C*

O

object Objekt, Gegenstand; Ziel, Zweck *M P*

observable beobachtbar *P*

observation Beobachtung, Überwachung

observe beobachten, verfolgen; bemerken, feststellen; beachten, einhalten, sich richten nach

observer Beobachter *P*

obtain erhalten, gewinnen; erreichen, erlangen

obvious offensichtlich, augenscheinlich; klar, deutlich, eindeutig *M C*

occur vorkommen, auftreten, sich ereignen, eintreten, stattfinden

occurrence Vorkommen, Auf-

treten; Ereignis; Vorkommenshäufigkeit, Verbreitung *M*

odd ungerade; ungleich, unpaarig, unregelmäßig; überzählig *M*

of von, aus; an, auf; in; mit; für; nach; über

often oft, häufig, vielfach

oil Öl; Erdöl *C*

old alt *M*

on auf; an; in; über; mit; nach

once einmal; **at once** sofort, sogleich; **once more** nochmals

one man; ein; **one another** einander

only nur, bloß; erst; einzig; **not only . . . but also** nicht nur . . . sondern auch

onto auf *M*

open offen; eröffnen; öffnen, aufmachen; sich öffnen, aufgehen *M P*

opening Öffnung *P*

operate operieren, verfahren, rechnen; steuern, lenken, leiten; bedienen, betätigen, handhaben, betreiben; arbeiten, funktionieren, gehen, laufen, in Betrieb sein

operating Betriebs-, Bedienungs-, Arbeits- *M*

operation Operation, Vorgang; Verfahren, Ausführung; Rechnungsart; Arbeitsgang; Bedienung, Handhabung, Betätigung, Betrieb

operator Operator; Operationszeichen *M P*

opposite entgegengesetzt, gegenüberliegend; ungleichnamig; Gegen- *P C*

optical optisch; Optik-, Seh-, Sicht-; Licht-; Augen- *P C*

optimal optimal, Best- *M*

optimum Optimum, Bestwert; optimal; Optimal-, Best- *C*

or oder; **either . . . or** entweder . . . oder

orbit Bahn *P*
order Ordnung, Größenordnung;
Anordnung, Reihenfolge; System; Befehl; Anweisung, anordnen; befehlen; bestellen;
in order to um zu, damit, daß
orderly geordnet, ordentlich *C*
ordinary gewöhnlich, normal,
üblich, gemein *M C*
organ Organ; Instrument *C*
organic organisch *C*
organism Organismus, Struktur, System; Lebewesen *C*
organometallic Organometall- *C*
orient orientieren; **be oriented
towards** gerichtet sein auf *C*
orientation Orientierung; Or-
tung, Peilung *P C*
origin Ursprung, Herkunft; Entstehung, Anfangspunkt, Aus-
gangspunkt, Nullpunkt
original original, ursprünglich;
Ur-, Ursprungs-, Anfangs-,
Grund-; Original, Urbild, Vorbild, Vorlage
originally ursprünglich
orthogonal orthogonal, rechtwinklig *M*
oscillation Oszillation, Schwingung, Pendelung; Schwan-
kung; Vibration *P*
other anderer, sonstiger; weiterer; **in other words** mit anderen Worten; **on the other
hand** andererseits
otherwise andernfalls, sonst;
anders *M*
our unser
out aus, hinaus, heraus; **out of**
aus . . . heraus; wegen; von;
außer
outer äußerer; Außen- *C*
outlet Abfluß, Ausfluß, Austritt, Auslaß *C*
outline umreißen, skizzieren,
entwerfen; Überblick, Abriß,
Leitfaden, Skizze; Umriß *M*

output Output, Ausgabe; Leistung, Ertrag, Produktion;
Nutzeffekt, Wirkungsgrad
outside außen, außerhalb, hinaus; äußerer; Außen-; Außenseite, Außenfläche *M*
over über, hinüber, darüber; bei,
an; übrig; vorüber, vorbei
overall Gesamt-, Total- *C*
own eigen; Eigen- *P C*
oxidation Oxydation *C*
oxide Oxid *C*
oxidize oxydieren *C*
oxygen Sauerstoff *C*

P

pack packen, schichten; ver-
packen *C*
page Seite
pair Paar; Punktepaar, Werte-
paar
paper Papier; Abhandlung, Aufsatz, Referat, Artikel
paragraph Paragraph; Absatz
M
parallel parallel, gleichlaufend,
gleichgerichtet; Parallele
paramagnetic paramagnetisch *P*
parameter Parameter, Hilfs-
variable; Kenngröße, Kenn-
wert, Bestimmungsgröße *M P*
parametric parametrisch; Para-
meter- *M*
part Teil, Bestandteil, Stück;
Anteil; trennen, teilen; scheiden, sich trennen
partial partiell, teilweise; Par-
tial-, Teil- *M P*
participate (in) teilnehmen, beteiligt sein, sich beteiligen *C*
particle Partikel, Teilchen *P C*
particular partikulär, besonder,

speziell, einzeln; jeweilig; bestimmt; **in particular** insbesondere, speziell

particularly besonders, speziell

pass leiten, einleiten, durchleiten, durchschicken; passieren, durchlaufen, durchfließen; übergehen, überleiten; vorübergehen, vorgehen; Übergang

path Weg, Gang; Verlauf; Bahn *M P*

pattern Muster, Modell; Struktur, System; Schema, Zeichnung; Bild, Anordnung; Verlauf; formen, nachbilden, zum Muster nehmen

peak Maximum, Höhepunkt, Gipfel, Scheitel, Spitze *P*

penetrate durchdringen, durchsetzen; eindringen *P C*

peptide Peptid *C*

per per, pro, je; für; auf; von; laut; **per cent** Prozent

perfect perfekt, vollkommen, fehlerlos; vollständig; ideal; vervollkommnen *C*

perform ausführen, durchführen; leisten; verrichten, machen, tun *M P*

perhaps vielleicht, möglicherweise

period Periode, Zeitraum, Dauer *P C*

permit erlauben, gestatten, zulassen *C*

permutation Permutation, Vertauschung *M*

perpendicular senkrecht, lotrecht, vertikal; normal; Normal- *M P*

perturbation Perturbation, Störung *P*

petroleum Petroleum, Erdöl, Rohöl *C*

phase Phase, Stadium, Stufe; Erscheinungsform *P C*

phenomenon Phänomen, Erscheinung *P C*

photoelectric photoelektrisch, lichtelektrisch *P*

photograph Fotografie, Aufnahme *P*

photon Photon, Lichtquant *P*

photosynthesis Photosynthese *C*

physical physikalisch, physisch; materiell; körperlich; Körper-

physicist Physiker *P*

physics Physik *P*

picture Bild, Abbildung, Aufnahme; Vorstellung; abbilden, zeichnen *P C*

piece Stück, Teil *P*

pipe Rohr, Röhre; Schlauch *P*

place Platz, Ort, Stelle; stellen, legen, setzen; **take place** stattfinden, vor sich gehen

plan Plan, Vorhaben, Projekt; Grundriß, Entwurf, Zeichnung; planen, entwerfen, projektieren *M*

plane Ebene; Fläche; Niveau; plan, eben, ebenflächig, flach; planieren, ebnen, planschleifen

plant Anlage; Betrieb, Werk; Pflanze; pflanzen, anbauen *C*

plasma Plasma *P*

plastic Plast, Kunststoff; plastisch, verformbar *P C*

plate Platte, Blatt; Blech; Scheibe; Schicht; Lamelle: Anode; plattieren, beschichten, überziehen; galvanisieren *P C*

play spielen; Spiel *M*

plot Diagramm, schematische Darstellung; zeichnen, skizzieren; auftragen, abtragen *P*

point Punkt, Stelle, Ort; Spitze; Komma; **point of view** Gesichtspunkt, Standpunkt; weisen, deuten, zeigen; **point out** aufzeigen, hinweisen auf; darlegen, erklären

polarization Polarisation, Polarisierung, Polung *P*
polarize polarisieren *P*
pole Pol *M P*
polish polieren, glätten, abschleifen; putzen *P*
polymer Polymer(e) *C*
polymeric polymer *C*
polymerization Polymerisation *C*
polynomial Polynom; polynomisch; Polynom- *M*
porous porös, porig *C*
portion Portion, Menge, Quantum; Teil, Anteil *M C*
position Position, Ort, Lage, Stellung
positive positiv; konstruktiv; tatsächlich
possess besitzen *M C*
possibility Möglichkeit
possible möglich, denkbar
possibly möglicherweise
postulate Postulat, Forderung, Annahme; postulieren, fordern, voraussetzen *C*
potential Potential, Spannung; potentiell; möglich, Potential-, Spannungs-
power Potenz; Kraft, Stärke, Macht; Leistung; Energie; Mächtigkeit; Fähigkeit, Vermögen
practical praktisch; faktisch; angewandt; ausführbar, brauchbar, nützlich *M P*
practice Praxis, Wirklichkeit; übliches Verfahren, Anwendung; praktizieren, ausüben; anwenden *P C*
precede vorangehen, vorhergehen; den Vorrang haben *P*
preceding vorig, vorhergehend *M*
precipitate Niederschlag, Fällungsprodukt; sich niederschlagen, sich absetzen; aus-

fällen, abscheiden, kondensieren *C*
precise präzise, exakt, korrekt, genau, richtig; scharf, fein; Fein- *M P*
predict vorhersagen, voraussagen, vorherbestimmen *P C*
prediction Vorhersage, Voraussage *P*
preliminary vorläufig; vorbereitend; einleitend; Vor- *C*
preparation Vorbereitung; Darstellung, Herstellung; Präparat *M C*
prepare vorbereiten; darstellen, herstellen; präparieren *M C*
presence Vorhandensein, Anwesenheit, Existenz, Gegenwart
present vorhanden, anwesend, vorliegend; gegenwärtig; darbieten, vorlegen; beschreiben, darstellen, darlegen; einführen, vorschlagen; zeigen; **at present** gegenwärtig, zur Zeit, im Augenblick
preserve aufrechterhalten, beibehalten, bewahren; konservieren, präparieren *M*
pressure Druck *P C*
prevent verhindern, verhüten *P*
previous vorhergehend, vorig; früher; Vor- *M P*
previously vorher, zuvor; früher *M P*
price Preis; Kosten *C*
primarily vorrangig, in erster Linie *P C*
primary primär, elementar, grundlegend, ursprünglich; hauptsächlich; Primär-, Grund-, Ur-, Haupt- *P C*
prime erster; Prim-, Anfangs-; Primzahl; Strich *M*
primitive primitiv; Stamm- *M*
principal hauptsächlich; Haupt-, Grund-

principle Prinzip, Grundsatz, Leitsatz; Gesetz, Regel, Satz; Theorem; **in principle** prinzipiell, grundsätzlich

prism Prisma *P*

probability Wahrscheinlichkeit *M P*

probable wahrscheinlich, vermutlich, mutmaßlich *M P*

problem Problem, Frage; Aufgabe; Schwierigkeit

procedure Verfahren, Prozeß, Durchführung

proceed verfahren, vorgehen; verlaufen; fortsetzen *M C*

process Prozeß, Verfahren, Vorgang; Verlauf; aufbereiten, verarbeiten

processing Verarbeitung; **data processing** Datenverarbeitung *M*

produce produzieren, erzeugen, herstellen; hervorrufen, hervorbringen, ergeben, zur Folge haben, führen zu; bilden; verlängern; Produkt, Ertrag

producer Produzent, Erzeuger *C*

product Produkt; Erzeugnis, Ergebnis; Durchschnitt; Disjunktion

production Produktion, Herstellung, Erzeugung, Fertigung; Gewinnung; Bildung; Entwicklung

program(me) Programm; programmieren *M*

progress Fortschritt, Weiterentwicklung; Verlauf; fortschreiten, Fortschritte machen, sich entwickeln, weitergehen; ablaufen *C*

projectile Projektil, Geschoß; Wurf- *P*

projection Projektion, Darstellung, Riß; Vorsprung *M*

projective projektiv; Projektions- *M*

prominent vorspringend, herausragend; erhöht; hervorragend, berühmt *P*

proof Probe, Beweis, Nachweis *M*

propagation Verbreitung, Fortpflanzung *P*

proper echt, eigentlich; angemessen, richtig, geeignet; genau, exakt; speziell; Eigen-

property Eigenschaft; Eigenart; Fähigkeit, Vermögen; Besitz

proportion Proportion, Verhältnis; Anteil, Gehalt; Umfang, Größe, Ausmaß *C*

proportional proportional, verhältnismäßig; Proportionalitäts- *M P*

propose vorschlagen; behaupten *M P*

proposition Behauptung; Satz, Aussage *M*

propylene Propylen *C*

protect schützen, abschirmen, sichern *C*

protein Protein, Eiweiß *C*

proton Proton *P*

prove beweisen, nachweisen; sich erweisen

provide versehen, versorgen, ausstatten; liefern, geben, ergeben; Vorsorge treffen, ermöglichen; darstellen; **provided that** vorausgesetzt daß

publish publizieren, veröffentlichen, herausgeben

pull ziehen, zerren, dehnen; reißen; Zug *P*

pulse Impuls, Wellenstoß, Stromstoß; pulsieren; in Impulsen wirken lassen *P*

punched Loch-; **punched card** Lochkarte *M*

pure rein; theoretisch; Rein-

purify reinigen *C*

purity Reinheit *C*

purpose Zweck; Absicht; Vorhaben

put (put, put) setzen, stellen, legen

Q

quadratic quadratisch M

qualitative qualitativ C

quality Qualität, Güte; Eigenschaft, Beschaffenheit

quantitative quantitativ, mengenmäßig, zahlenmäßig; Mengen-

quantity Quantität, Quantum, Menge, Masse; Größe; Betrag

quantum Quantum, Menge; Quant, Teilchen, Strahl P

question Frage, Problem, Sache; befragen, in Frage stellen

quick schnell, rasch P

quite ganz, völlig; ziemlich, relativ P C

quotient Verhältnis; Quotient, Teilzahl M

R

radial radial, strahlenförmig, radiär; Radial-, Radiär- P

radiation Strahlung; Strahlen- P C

radical Radikal; Atomgruppe; Wurzelausdruck; radikal, gründlich, wesentlich; Grund-, Wurzel-

radio Radio, Funk, Rundfunk, Funkwesen P

radioactive radioaktiv P C

radioactivity Radioaktivität P C

radioisotope Radioisotop C

radius Radius, Halbmesser; Umkreis M P

raise erhöhen, steigern, vergrößern; heben, erheben, aufheben P C

random zufällig, willkürlich; stochastisch; Zufalls-; **at random** zufällig

range Bereich, Reichweite, Umkreis; Spielraum, Schwankungsbreite; Entfernung, Abstand, Strecke; Kette, Reihe, Linie; Wertevorrat; sich erstrecken, sich bewegen, reichen

rank Rang M

rapid schnell, rasch; Schnell-, Kurz- P C

rare selten; dünn, verdünnt C

rate Rate, Betrag, Größe, Wert; Maß; Menge; Quote; Geschwindigkeit; **at any rate** auf jeden Fall

rather ziemlich; vielmehr, eher, eigentlich

ratio Verhältnis, Verhältniszahl; Ziffer, Satz, Maß

rational rational; vernünftig, rationell; Rational- M

ray Strahl P

reach erreichen; erzielen, erlangen; reichen, sich erstrecken

react reagieren, einwirken, sich verhalten C

reactant reagierender Stoff, Reaktionsteilnehmer C

reaction Reaktion, Gegenwirkung, Rückwirkung; Rückstoß; Rückkopplung P C

reactive reaktiv, reaktionsfähig C

read (read, read) lesen; ablesen; lauten M

reader Leser M

readily leicht, schnell, ohne weiteres; bereitwillig M C

reagent Reagens *C*

real real, reell, tatsächlich, wirklich, echt; natürlich; Real- *M P*

realize erkennen, erfassen, begreifen; sich vorstellen; realisieren *M C*

reason Grund, Ursache; Verstand; Vernunft; **for this reason** aus diesem Grunde

reasonable vernünftig, angemessen; beweisbar *M P*

recall sich erinnern an; abrufen *M*

receive bekommen, erhalten; aufnehmen, empfangen *M C*

recent neuerer, jüngster, letzter; modern

recently vor kurzem, in letzter Zeit

recognize erkennen; anerkennen *C*

record Aufzeichnung, gespeicherte Information; Speichern, Speicherung; Aufnahme; Verzeichnis; aufzeichnen, speichern, registrieren *M P*

recover zurückgewinnen, wiedergewinnen, wiederfinden *C*

recovery Rückgewinnung, Wiedergewinnung; Regeneration *C*

rectangular rechteckig, rechtwinklig *P*

recursive rekursiv *M*

reduce reduzieren, vermindern, verringern, verkleinern, herabsetzen; zurückführen; verwandeln, umwandeln, umrechnen

reduction Reduktion, Reduzierung, Verminderung, Verringerung, Herabsetzung, Rückgang; Umwandlung, Umrechnung *C*

red rot *C*

refer (to) verweisen, hinweisen, beziehen; sich beziehen, Bezug nehmen

reference Bezug, Hinweis, Verweis; Literaturangabe

refine raffinieren; verfeinern *C*

refinery Raffinerie, Raffinationsanlage *C*

reflect reflektieren, zurückstrahlen, zurückwerfen, widerspiegeln *P*

reflection Reflexion, Zurückstrahlung, Widerspiegelung; Reflex; Überlegung, Erwägung *M P*

refraction Brechung *P*

refractive Brechungs- *P*

regard ansehen, betrachten; halten für; betreffen, angehen; Hinblick; Beachtung; **with regard to** in bezug auf, hinsichtlich; **as regards** was ... betrifft, hinsichtlich

region Region, Gebiet, Bereich, Gegend, Zone

regular regulär, normal; regelmäßig, gleichmäßig *M*

regularity Regularität, Regelmäßigkeit, Gleichmäßigkeit *C*

relate (to) beziehen, in Verbindung bringen; sich beziehen, betreffen

related verwandt *M*

relation Relation, Beziehung, Verhältnis, Zusammenhang; **with relation to** im Verhältnis zu, bezogen auf

relationship Beziehung, Verhältnis; Verwandtschaft

relative relativ, bedingt, verhältnismäßig, bezüglich; Relativ-, Bezugs-

relevant relevant, wichtig *M*

reliability Reliabilität, Zuverlässigkeit *M*

remain bleiben, verbleiben, verharren; übrig bleiben, zurückbleiben

remainder Rest *M*

remaining restlich, übrig; Rest- *M*

remark Bemerkung, Anmerkung; bemerken, anmerken, feststellen *M*

remarkable bemerkenswert, beachtlich, beträchtlich *C*

remember sich erinnern, sich merken *M*

removal Beseitigung, Entfernung; Entzug; Abtrennung *P*

remove beseitigen, entfernen; abtrennen; abnehmen; wegbringen *P C*

repeat wiederholen; sich wiederholen, wiederkehren; Wiederholung

replace ersetzen, auswechseln; verdrängen; zurücklegen

replacement Ersetzung, Auswechslung; Verdrängung *C*

report berichten; Bericht; Gutachten

represent darstellen, veranschaulichen, wiedergeben; vertreten, repräsentieren

representation Darstellung, Illustration, Wiedergabe *M P*

require erfordern, verlangen

requirement Erfordernis, Forderung, Anforderung; Bedarf *M C*

research Forschung, Forschungsarbeit *C*

reset Umstellung; umstellen *M*

residual remanent, verbleibend, zurückbleibend, restlich; Rest- *P C*

residue Residuum, Rückstand, Rest *M C*

resin Harz *C*

resistance Widerstand; Festigkeit, Beständigkeit *P C*

resistivity Widerstandsfähigkeit, spezifischer Widerstand *P*

resolution Auflösung, Auflösungsvermögen; Trennung, Trennschärfe; Zerlegung; Lösung *M P*

resonance Resonanz, Mitschwingen, Einschwingen; Mittönen *P*

respect Hinsicht, Hinblick, Bezug, Beziehung, Rücksicht; **with respect to** in bezug auf, hinsichtlich

respective jeweilig, entsprechend, betreffend *M*

respectively beziehungsweise

response Antwort, Reaktion; Anzeige *M*

rest Rest; Ruhe, Stillstand, Ruhelage; übrigbleiben; ruhen; basieren, beruhen, sich gründen; aufliegen *M P*

restrict einschränken, beschränken, begrenzen *M C*

restriction Restriktion, Einschränkung, Beschränkung, Begrenzung *M*

result Resultat, Ergebnis; Folge; resultieren, sich ergeben; **result in** führen zu; **result from** sich ergeben aus

retain beibehalten; zurückhalten *M*

return wiederkehren, zurückkommen; zurückgeben; Wiederkehr *P*

reveal sichtbar werden lassen, zeigen *C*

reverse umkehren, umwenden, wechseln, umsteuern; umschalten; rückwärts laufen lassen; umgekehrt, verkehrt; Rück-, Gegen-, Umkehr- *P*

review Übersicht, Überblick, Rückblick; Besprechung, Rezension; besprechen, rezensieren, einen Überblick geben über *M*

rich reich, ergiebig; fett *C*

right richtig, korrekt; senkrecht, normal; rechter, rechtsseitig;

rechtwinklig, gerade; rechte Seite; Rechts-, Normal-; direkt, unmittelbar *M P*

ring Ring; Kreis

rise (rose, risen) steigen, ansteigen, aufsteigen, sich erhöhen; zunehmen, anwachsen; sich steigern; Anstieg, Steigerung, Erhöhung, Zunahme, Zuwachs, Wachstum; Höhendifferenz, Ordinatendifferenz *P C*

role Rolle *P C*

room Raum, Platz; Gelegenheit *P C*

root Wurzel *M P*

rope Seil *P*

rotate rotieren, drehen; sich drehen, umlaufen *P C*

rotation Rotation, Drehung, Umdrehung, Umlauf *P*

roughly grob, annähernd, etwa, ungefähr *P*

route Route, Weg *C*

routine Routine, Gang; Programm *M*

row Reihe, Zeile *M C*

rubber Gummi *C*

rule Regel, Gesetz, Satz; Normalfall; gerade Linie; Lineal, Rechenstab; **rule out** ausschließen; **as a rule** in der Regel

run (ran, run) laufen, fahren, gehen; verlaufen; funktionieren, arbeiten; fließen, strömen; in Gang sein, in Betrieb sein; betreiben, laufen lassen; Lauf, Weg, Gang; Verlauf; Serie, Folge; Versuchsreihe, Meßreihe *M P*

S

sale Verkauf, Umsatz *C*

salt Salz *C*

same identisch, gleich; **the same** derselbe

sample Probe, Muster; Stichprobe; probieren, auswählen; Probe(n) nehmen von

satisfactory befriedigend, zufriedenstellend, ausreichend, genügend *M*

satisfy erfüllen, befriedigen, entsprechen, genügen, überzeugen *M P*

saturate sättigen *C*

say (said, said) sagen; meinen, behaupten; besagen

scalar skalar, ungerichtet; Skalar- *M*

scale Skala, Gradeinteilung, Maßstab; Waagschale; **scales** *Pl* Waage; **on a large scale** in großem Umfang; skalieren; messen

scan Abtastung, Abfühlen; ablesen, abtasten, abfühlen *M*

scatter streuen, verstreuen, zerstreuen; sprühen, stieben; verteilen; Streuung *P*

scattering Streuung, Zerstreuung; Verteilung *P*

schematic(al) schematisch; Schema- *M P*

scheme Schema, Diagramm; Plan, Projekt, Programm *M*

science Wissenschaft, die Naturwissenschaften; Lehre

screen Schirm; Blende; Sieb; Filter; Raster; Bildfläche *P*

search Suche, Untersuchung; Prüfung; suchen, untersuchen; prüfen *M*

second zweiter, zweitens; Sekunde *P C*

section Schnitt; Abschnitt, Teil;

Teilung; Abteilung, Klasse; Profil

see (saw, seen) sehen, ersehen, erkennen

seed Samen, Keim *C*

seem scheinen, den Anschein haben

segment Segment; Abschnitt, Strecke *M*

select wählen, auswählen; unterscheiden, trennen

selection Wahl, Auswahl; Unterscheidung, Trennung *P*

semiautomaton Halbautomat *M*

semigroup Halbgruppe *M*

send (sent, sent) senden, schikken *M*

sense Sinn, Bedeutung; Richtung *M*

sensitive sensitiv, empfindlich; Empfindlichkeits- *P C*

sentence Satz; Aussage *M*

separable separabel, trennbar *M*

separate getrennt, gesondert, einzeln, isoliert; fremd; Fremd-; separieren, trennen, sondern, scheiden, zerlegen; sich trennen, sich absondern

separation Separation, Separierung, Trennung, Sonderung, Absonderung, Scheidung, Zerlegung; Abstand *P C*

sequel Folge *M*

sequence Sequenz, Folge, Reihe, Reihenfolge, Serie *M C*

series Serie, Reihe, Folge, Reihenfolge

serious ernst; wichtig, bedeutend *M*

set (set, set) setzen, festsetzen, einsetzen, stellen, einstellen; regulieren, einrichten; Satz, Menge, System; Reihe; Geräteeinheit, Apparatur; **set up** aufstellen, errichten

several mehrere, verschiedene, einzelne

shall soll(st), sollen, sollt; werde(n)

shape Gestalt, Form, Profil; Verlauf; gestalten, formen, bilden *P C*

share teilen, teilhaben; Anteil *C*

sharp scharf; spitz; steil; klar, deutlich; Scharf- *P*

shell Schale, Hülle, Mantel *P C*

shift Verschiebung, Verlagerung, Umstellung; Wechsel, Änderung; verschieben, verlagern, umstellen; wechseln, ändern; sich verschieben, sich verlagern *P C*

short kurz, abgekürzt; Kurz-, Nah-

should sollte(st), sollten, solltet; würde(n)

show (showed, shown) zeigen, darlegen, erläutern; aufweisen; nachweisen, beweisen; vorführen

side Seite, Seitenfläche; Schenkel; Mantellinie

sieve Sieb; sieben *C*

sign Zeichen; Vorzeichen

signal Signal; Meldezeichen; Winkelzeichen *M P*

significance Signifikanz; Bedeutung *M*

significant signifikant, wesentlich, wichtig; bedeutungsvoll, sinnvoll; geltend, zahlenmäßig bestimmt *M P*

silica Siliciumdioxid, Kieselerde, Quarz *C*

silicon Silicium *C*

similar ähnlich, annähernd gleich, gleichnamig, gleichartig

simple einfach, unkompliziert; einstufig; rein, Rein-

simplicity Einfachheit *P C*

simplify vereinfachen *M C*

simply einfach, bloß, lediglich

simultaneous simultan, gleichzeitig; Simultan- *P*
since da, weil, denn; seit
single einzeln, einzig; einfach;
Ein-, Einzel-, Einfach-
singular singulär, vereinzelt;
eigentümlich *M*
site Stelle, Platz, Lage *C*
situation Situation, Lage, Umstände *M C*
size Größe, Dimension, Abmessung, Umfang; Format
slightly leicht, schwach, geringfügig *P C*
slope Neigung, Gefälle, Stei-
gung, Anstieg; Schrägfläche;
Richtungskoeffizient; Steil-
wert *P*
slow langsam, träge; verlangsamen; sich verlangsamen;
slow down verlangsamen, sich
verlangsamen *P C*
small klein, gering, niedrig;
Klein-
so so, daher; ebenso, auch; **so
that** so daß, damit; **or so** etwa,
ungefähr
so-called sogenannt
sodium Natrium *P C*
solid Festkörper, Feststoff;
fest, massiv, stabil; voll,
körperlich, räumlich; Fest-,
Voll-, Körper-, Raum- *P
C*
solubility Löslichkeit, Lösbarkeit *C*
soluble löslich, lösbar *C*
solute gelöster Stoff *C*
solution Lösung- Auflösung,
Erklärung
solve lösen; auflösen
solvent Lösungsmittel *C*
some einige, mehrere, manche;
etwas, ein wenig; irgendein;
etwa
sometimes manchmal, zuweilen,
gelegentlich

somewhat etwas, ein wenig, ein
bißchen
sort Sorte, Art, Gattung, Klasse
M
sound Laut, Ton, Klang, Ge-
räusch, Schall; Akustik,
Schallung; klingen, erklingen,
ertönen *P*
source Quelle, Ursprung; Aus-
gangs- *P C*
space Raum; Zwischenraum,
Abstand; räumlich anordnen;
mit Zwischenräumen aufstellen; räumlich; Raum-
spacing Abstand, räumliche Anordnung *P*
spatial räumlich; Raum- *C*
speak (spoke, spoken) sprechen,
reden
special speziell, besonders, bestimmt; fachlich; Spezial-,
Sonder-, Fach-
species Spezies, Art, Sorte, Typ,
Klasse *C*
specific spezifisch, besonders, bestimmt
specify spezifizieren, detailliert
angeben; vorschreiben, bestimmen, festlegen
specimen Probe, Muster; Exem-
plar, Objekt *P C*
spectral spektral; Spektral-
P
spectrometer Spektrometer *P*
spectroscopy Spektroskopie *C*
spectrum Spektrum *P C*
speed Geschwindigkeit, Schnelligkeit; Drehzahl; Gangge-
schwindigkeit; Öffnungsver-
hältnis, Helligkeit *P*
sphere Sphäre; Kugel, Ball;
Bereich
spherical sphärisch; kugelförmig; Kugel- *P*
spin Spin; Drall, Kreiseldre-
hung, Trudelbewegung *P*
spite: in spite of trotz *M*

split (split, split) spalten, trennen, zerlegen; sich spalten; Spaltung, Aufspaltung *M P*

spot Punkt, Stelle, Platz; Fleck *P*

spring Feder, Federung *P C*

square Quadrat; Winkellineal; quadratisch, viereckig, eckig, rechtwinklig; Quadrat-, Flächen-; den Flächeninhalt bestimmen; ins Quadrat erheben

stability Stabilität, Festigkeit, Beständigkeit; Konstanz, Stetigkeit; Standfestigkeit; Haltbarkeit

stable stabil, fest, beständig; konstant, stetig; standfest; haltbar

stage Stadium, Stand, Stufe, Grad; Objekttisch

stand (stood, stood) stehen

standard Standard, Norm; Muster, Maßstab; normiert, genormt, normal; einheitlich; Normal-, Einheits-, Richt-, Grund-, Eich-, Vergleichs-

standpoint Standpunkt *C*

starch Stärke *C*

start anfangen, beginnen, starten, anlassen, einschalten, in Gang setzen; anlaufen; Start, Anfang, Beginn, Anlauf; **start from** ausgehen von

state Stand, Zustand, Lage; Stadium; konstatieren, feststellen, behaupten, aussagen

statement Feststellung, Behauptung, Aussage; Erklärung, Bericht; Anweisung, Vorschrift *M P*

static statisch, ruhend; Ruhe-, Stand- *P*

statistical statistisch

stationary stationär *C*

steady stetig, beständig, gleichmäßig; stabil, fest, standfest; ständig, dauernd; Dauer-, Ruhe- *P*

step Schritt, Stufe, Etappe; **step by step** schrittweise, allmählich

still noch, immer noch; trotzdem; ruhig, still

stimulate stimulieren, anregen, erregen, reizen; fördern *P*

stop stoppen, abstoppen, anhalten; unterbrechen; abstellen, ausschalten; einstellen; stehenbleiben, aufhören; Halt, Stillstand *P*

storage Speicher; Speicherung *M*

store speichern, aufspeichern; Speicher *M P*

straight gerade, geradlinig; direkt, geradewegs, unmittelbar; Gerade-, Direkt-, Durchlauf- *M P*

strain Spannung, Dehnung, Zug; Deformation *C*

strategy Strategie *M*

stream Strom, Strömung; strömen *C*

strength Stärke, Kraft, Festigkeit, Härte; Konzentration *C*

stress Spannung, Zug, Druck; Beanspruchung, Belastung; spannen, ziehen, drücken; beanspruchen, belasten; betonen, unterstreichen *P*

strictly strikt, streng *M*

string Kette, geordnete Teilfolge *M*

strip Streifen, Band, Draht *P C*

strong stark, kräftig; fest, stabil, dauerhaft

structural strukturell; Struktur- *C*

structure Struktur, Aufbau, System; Konstruktion

student Student; Forscher *C*

study Studium; Studie, Untersuchung, Arbeit; studieren,
untersuchen, erforschen

subalgebra Subalgebra M

subdivision Subdivision, Unter-
teilung; Teilgebiet M

subfield Teilkörper, Unterkör-
per M

subgroup Untergruppe M

subject Gegenstand, Thema;
Sachgebiet; abhängig; unterziehen, unterwerfen, aussetzen

subroutine Unterprogramm M

subsequence Teilfolge M

subsequent nachfolgend, später,
nachträglich $M\,C$

subset Untermenge, Teilmenge
M

subspace Unterraum M

substance Substanz, Stoff; Materie, Material; Wesen, Inhalt
$P\,C$

substantially beträchtlich, wesentlich M

substituent Substituent C

substitute substituieren, ersetzen; einsetzen $M\,P$

substitution Substitution, Ersetzung, Ersatz, Einsetzung;
Austausch

subtract subtrahieren, abziehen
M

subunit Untereinheit C

success Erfolg; günstiger Fall
M

successive sukzessiv, aufeinanderfolgend $M\,P$

such solch, derartig, so ein;
such as wie zum Beispiel;
such that derart, daß; so, daß

suffice hinreichen, genügen M

sufficient genug, genügend, hinreichend

sugar Zucker C

suggest andeuten, hinweisen;
anregen, vorschlagen; schließen lassen

suitable geeignet, passend; entsprechend

sulphur, sulfur Schwefel C

sulphuric, sulfuric schweflig;
Schwefel- C

sum Summe, Addition; Ergebnis; Vereinigung; summieren,
addieren; **sum up** zusammenfassen, resümieren $M\,P$

summarize zusammenfassen,
eine Übersicht geben M

summation Summierung, Summation M

supply zuführen, zuleiten, speisen; liefern; beliefern, versehen, versorgen; Zufuhr, Lie-
ferung; Vorrat $P\,C$

support stützen, unterstützen,
bestätigen; unterhalten, aufrechterhalten; Unterstützung,
Bestätigung; Stütze, Träger,
Auflage

suppose vermuten, annehmen;
voraussetzen

surface Fläche, Oberfläche

surround umgeben, einschließen
$P\,C$

suspect vermuten, annehmen
M

suspend aufhängen; frei schwe-
ben lassen; aufheben, unterbrechen, einstellen P

switch Schalter; schalten, umschalten; **switch on** anschalten,
einschalten; **switch off** abschalten, ausschalten $M\,P$

symbol Symbol, Zeichen; Formel M

symmetric(al) symmetrisch,
spiegelgleich

symmetry Symmetrie, Spiegel-
gleichheit

synthesis Synthese C

synthesize synthetisieren, darstellen C

synthetic synthetisch; künstlich; Kunst- C

system System; Schar; Anordnung; Methode
systematic systematisch

T

table Tabelle, Tafel; Verzeichnis; Übersicht
take (took, taken) nehmen, annehmen; dauern; **take place** stattfinden; **take up** aufnehmen, absorbieren, beanspruchen; ergreifen
tape Band, Streifen *M*
target Target, Ziel; Beschießungskörper, Treffplatte, Auffänger; Antikathode *P*
task Aufgabe *M*
technical technisch; fachlich; Fach- *C*
technique Technik, Methode, Verfahren
telephone Telefon *M*
tell (told, told) sagen; befehlen; berichten, mitteilen *M*
temperature Temperatur *P C*
tend (to) tendieren, zustreben, neigen zu *M C*
tendency Tendenz, Richtung, Neigung *C*
tension Spannung, Zug *P*
term Term, Glied, Seite; Terminus, Benennung, Begriff; Termin, Frist; bezeichnen, benennen; **in terms of** im Sinne von, in bezug auf, ausgedrückt in
terminal End-, Grenz- *M*
test Test, Versuch, Probe, Prüfung; Kriterium, Analyse, Nachweis; testen, prüfen, erproben
text Text *M*

textile textil; Textil- *C*
than als
that daß, damit; jener; der, **that is** das heißt
their ihr *Pl*, deren
them sie *Pl*, ihnen
themselves (sie) selbst
then dann, danach, darauf; so; folglich
theorem Theorem, Satz *M*
theoretic(al) theoretisch
theory Theorie, Lehre; Rechnung
there da, dort; dahin, dorthin; **there is, there are** es gibt
thereby dadurch, damit; dabei
therefore daher, deshalb, darum; folglich
thermal thermisch, kalorisch; Thermo-, Wärme- *P C*
thermodynamic thermodynamisch *P C*
thermodynamics Thermodynamik *P C*
these diese *Pl*
they sie *Pl*
thick dick, stark; dicht; dickflüssig *P*
thickness Dicke, Stärke; Dichte; Dickflüssigkeit *P*
thin dünn, schmal; fein; dünnflüssig; Dünn- *P C*
thing Ding, Gegenstand, Sache *M C*
think (thought, thought) denken, annehmen, meinen; halten für
this dieser
those jene *Pl*
though obgleich, obwohl; wenn auch, selbst wenn; allerdings
threshold Schwelle, Schwellenwert *P*
through durch
throughout überall, durchweg, gänzlich; während, hindurch
thus so, somit, folglich; dementsprechend

time Zeit, Zeitpunkt, Zeitdauer, Frist; Mal; **times** multipliziert mit, mal

tiny winzig, sehr klein *P*

tissue Gewebe, Stoff *C*

to zu; bis; nach; an, auf

together zusammen, zugleich, gemeinsam

ton Tonne *C*

too zu, allzu; auch

tool Werkzeug, Gerät; Mittel *C*

top Spitze, Gipfel, Scheitel; Oberteil, Kopf; Höchststand; Ober-, Höchst-, Maximal-

topic Gegenstand, Thema *C*

topological topologisch *M*

topology Topologie *M*

torque Drehkraft, Verdrehungskraft; Drehmoment *P*

total total, ganz, vollständig; Total-, Gesamt-; Gesamtsumme, Gesamtmenge, Gesamtbetrag; Endsumme

toward entgegen, gegen, nach, auf . . . zu *P C*

trace aufspüren, suchen, verfolgen, nachgehen; nachziehen, zeichnen; Spur, Anzeichen *P C*

tracer Tracer; Indikator, Fühler, Taster *C*

track Spur; Weg, Bahn; Gleis *P*

transfer Transfer, Übertragung; Verlegung; übertragen; übermitteln; verlegen *P C*

transform transformieren, umformen, umwandeln, umsetzen, abbilden; Transformierte *M P*

transformation Transformation, Umformung, Umwandlung; Abbildung *M*

transition Übergang; Übergangs- *P C*

transmission Transmission, Übertragung, Übersetzung; Sendung; Ausbreitung, Fortpflanzung; Leitung *M P*

transmit übertragen, übersetzen; senden; ausbreiten, fortpflanzen; leiten *M*

transport transportieren, befördern; Transport, Beförderung *C*

transposition Transposition, Transponierung; Hinüberbringen, Vertauschung *M*

travel sich fortbewegen, sich fortpflanzen, wandern; sich ausbreiten; durchlaufen, zurücklegen; Bewegung, Lauf, Weg, Hub; Wanderung *P*

treat behandeln; bearbeiten

treatment Behandlung; Bearbeitung

trial Versuch, Probe, Prüfung *M*

triangle Dreieck *M P*

triangular dreieckig, dreiseitig; Dreiecks-, Dreikant- *M P*

trivial trivial *M*

true wahr, wirklich, echt; richtig, getreu, genau; gültig; **be true** (of) zutreffen, gelten

try versuchen, erproben, prüfen *M C*

tube Tubus; Rohr, Röhre; Schlauch

turn drehen, wenden, umkehren; sich drehen, sich umwenden, sich umkehren; verwandeln; sich verwandeln; machen; werden; Drehung, Umdrehung; Wendung; Windung; Gang; Wechsel; **turn out** sich herausstellen; ausfallen, werden; **in turn** wiederum

twin Zwilling; zweifach, doppelt; Doppel-; eng verbinden *P*

type Typ, Typus; Art, Sorte, Klasse; Form; Muster

typical typisch, charakteristisch, kennzeichnend

U

ultraviolet ultraviolett *C*
uncertainty Unsicherheit, Unbestimmtheit, Unschärfe *P*
under unter, unterhalb
undergo (underwent, undergone)
durchmachen, unterliegen, aus-
gesetzt sein *C*
**understand (understood, under-
stood)** verstehen; erkennen;
annehmen
understanding Verständnis,
Kenntnis; Verstand *M C*
uniform einheitlich, gleichförmig; gleichartig; gleichmäßig;
gleich, gleichbleibend, unveränderlich; Einheits-
union Verbindung, Verband,
Vereinigung *M*
unique eindeutig; einzigartig;
spezifisch *M*
uniqueness Eindeutigkeit; Einzigkeit *M*
unit Einheit, Maßeinheit; Einer, Ganzes; Aggregat; Bauteil, Gerät
unity Einheit; Einheitlichkeit,
Standard; Eins *M*
unknown Unbekannte; unbekannt *M*
unless ausgenommen, wenn . . .
nicht, sofern . . . nicht, außer
wenn
unstable instabil, labil, ungleich-
gewichtig; unbeständig; un-
sicher *P*
until bis, bis zu; **not until** erst
wenn, erst als
up aufwärts, nach oben, hoch;
up to bis an, bis zu
upon auf; über
upper oberer; Ober- *M P*
uptake Aufnahme *C*
upward aufwärts, nach oben;
ansteigend *P*

us uns
use verwenden, gebrauchen, benutzen; anwenden; auswer-
ten; Verwendung, Anwendung;
Nutzen, Gebrauch; Auswer-
tung; **make use of** Gebrauch
machen von, gebrauchen
useful nützlich, zweckmäßig;
Nutz-
usual üblich, gebräuchlich; gewöhnlich
usually gewöhnlich, normaler-
weise
utilize nutzen, ausnutzen, verwerten; verwenden, einsetzen *C*

V

vacuum Vakuum, leerer Raum;
Leere *P C*
valence Valenz, Wertigkeit *C*
valid gültig, stichhaltig, zutref-
fend *M*
validity Gültigkeit, Stichhaltig-
keit *P*
valuable wertvoll; nützlich *C*
value Wert; Nutzen; werten,
bestimmen
vanish verschwinden *M P*
vapo(u)r Dampf; Dunst, Aus-
dünstung *P C*
variable Variable, Veränderliche;
variabel, veränderlich *M P*
variation Variation, Änderung,
Wechsel; Schwankung, Ab-
weichung, Streuung
variety Vielfalt, Mannigfaltigkeit; Vielzahl, Anzahl; Variante, Modifikation; Art, Sorte
M C
various verschieden, verschiedenartig; verschiedene, mehrere

vary variieren, schwanken, sich
verändern; wechseln; ändern,
abändern, verändern

vector Vektor *M P*

velocity Geschwindigkeit

verify verifizieren, nachprüfen;
bestätigen, beweisen *M P*

vertex Seite, Ecke; Scheitel *M*

vertical vertikal, senkrecht, lotrecht; Vertikal-, Scheitel-;
Vertikale *P*

very sehr; gerade, eben; allein,
schon

vessel Gefäß, Behälter *C*

via über, mittels, durch *M*

vibration Vibration, Oszillation,
Schwingung, Pendelung; Be-
ben, Zittern; Erschütterung
P C

vibrational Vibrations-, Schwin-
gungs- *C*

view Ansicht, Anschauung, Auffassung, Meinung; Aspekt,
Blickwinkel; Überblick; Aufnahme, Bild; **in view of** im
Hinblick auf, hinsichtlich;
point of view Gesichtspunkt,
Standpunkt, Blickwinkel; ansehen, betrachten; beurteilen,
prüfen

vigorous stark, kräftig, wirksam *C*

virtually tatsächlich, praktisch,
dem Wesen nach, im Prinzip,
im Grunde genommen *C*

viscosity Viskosität, Zähflüssigkeit *C*

visible sichtbar, erkennbar *P C*

volatile flüchtig, verdampfbar *C*

volatility Flüchtigkeit, Ver-
dampfbarkeit *C*

volt Volt *P*

voltage Voltzahl, Spannung *P*
C

volume Volumen, Rauminhalt;
Umfang, Ausmaß; Fülle, Stärke; Band *P C*

W

wall Wand *P*

want wollen, wünschen; brauchen, erfordern *M*

wash waschen, spülen, reinigen;
wässern *C*

water Wasser *P C*

wave Welle; Wellen- *P C*

wavelength Wellenlänge *P C*

way Weg; Entfernung; Mittel,
Methode, Art und Weise; **in
this way** auf diese Weise, so;
by way of durch, in Form von;
under way im Gange

we wir

weak schwach; Schwach-

weigh wiegen, wägen *C*

weight Gewicht Masse

well gut; richtig, ausreichend;
günstig, vorteilhaft; zweckmäßig; genau, gründlich; ziemlich; **as well** auch, ebenso; **as
well as** ebenso wie, sowohl …
als auch; Schacht, Brunnen

well-known wohlbekannt *M*

what was; das, was; was für ein,
welcher; wie

whatever was auch immer; alles,
was; gleich, was; ungeachtet,
unabhängig von; welcher …
auch immer; gleich, welcher
M

wheel Rad *P*

when als, wenn; wann

whence woraus, woher; daher
M

whenever wann auch immer,
sooft *M*

where wo; wohin; wobei, worin

whereas wohingegen, während
P C

whereby wodurch, wovon, wo-
mit *C*

whether ob

which welcher; der

whichever welcher auch immer, beliebig welcher *M*

while während; wenn auch; **be worth while** sich lohnen, Zweck haben

white weiß; Weiß-; Weiß *P C*

who wer; der

whole Ganzes, Gesamtheit; **as a whole** als Ganzes, insgesamt; ganz, vollständig, gesamt

whose wessen; dessen

wide weit, breit; umfangreich, beträchtlich *P C*

widely weitgehend, in hohem Maße *P C*

width Weite, Breite *P*

will will(st), wollen, wollt; werde, wirst, wird, werden, werdet

wire Draht; Leitung *P C*

wish wollen, wünschen

with mit; bei; durch; an

withdraw (**withdrew, withdrawn**) entnehmen; entziehen, abstreifen; zurückziehen, wegnehmen, entfernen *C*

within innerhalb

without ohne; außerhalb

word Wort; **in other words** mit anderen Worten

work Arbeit, Werk; Tätigkeit; Erzeugnis; Gehwerk; arbeiten; funktionieren, gehen, laufen; wirken; bedienen, bearbeiten

worker Arbeiter, Mitarbeiter; Forscher *C*

world Welt; Bereich, Sphäre *C*

worth Wert; wert *C*

would würde(st), würden, wür-

det; möchte(st), möchten, möchtet; wollte(st), wollten, wolltet

X

X-ray Röntgenstrahl; Röntgen-; röntgen *P C*

Y

year Jahr

yeast Hefe *C*

yet noch; sogar, schon; dennoch, trotzdem; **not yet** noch nicht; **as yet** bis jetzt

yield ergeben, erbringen, liefern; Ertrag, Gewinn, Ausbeute

you man; Sie; ihr

Z

zero Null; Nullpunkt, Nullstelle

zone Zone, Bereich; Schicht *C*

Französisch-Deutsch

A

à in, an, auf, bei, zu; bis; mit; .(*vor Inf*) zu; *dient zur Bildung des Dativs*

abord: d'abord zunächst, zuerst

aboutir à führen zu; gehen bis *P*

absence *f* Fehlen, Abwesenheit; **en (l')absence de** in Abwesenheit von, in Ermangelung von *P*

abscisse *f* Abszisse *M C*

absolu absolut, unbedingt; völlig; rein

absorber absorbieren, aufnehmen *P C*

absorption *f* Absorption, Aufnahme *P C*

accélération *f* Beschleunigung *P*

accord *m* Übereinstimmung, Einklang; **en accord avec** in Übereinstimmung mit; **être en accord avec** übereinstimmen mit *P C*

accroissement *m* Zunahme, Zuwachs; Vergrößerung; Anstieg *M*

acétique essigsauer; Essig-; **acide** *m* **acétique** Essigsäure *C*

acétylène *m* Acetylen *C*

achever fertigstellen, vollenden *M*

acide *m* Säure; sauer *C*

acidité *f* Acidität, Säuregrad, Säureverhalten *C*

acier *m* Stahl *C*

actif aktiv, wirksam *P C*

action *f* Wirkung, Einwirkung *P C*

activation *f* Aktivierung *C*

activité *f* Aktivität, Tätigkeit, Wirksamkeit *P C*

actuel aktuell, gegenwärtig, wirklich; heutig *M P*

actuellement zur Zeit, augenblicklich *C*

adapter anpassen; **s'adapter** sich anpassen; passen *P*

additif additiv *M*

addition *f* Addition; Hinzufügung, Beimischung; Zusatz, Zuschlag *M C*

adhérence *f* Adhärenz; abgeschlossene Hülle *M*

adjoint adjungiert; *m* Adjungierte, Adjunkte *M*

admettre annehmen; zulassen; zugeben

adopter annehmen *P*

adresse *f* Adresse *M*

adsorption *f* Adsorption *C*

affecter beeinflussen, einwirken; anweisen, zuweisen

affirmer bestätigen, behaupten *P*

affin affin *M*

afin de um zu; zu

agent *m* Agens, Wirkstoff, Mittel *C*

agir handeln; wirken; funktionieren, arbeiten; **il s'agit de** es handelt sich um *P C*

agitation *f* Bewegung; Rühren; Schütteln *C*

agiter bewegen; rühren, schütteln *C*

aide *f* Hilfe; **à l'aide de** mit Hilfe von, durch, mittels

ailleurs anderswo; **d'ailleurs** im übrigen, außerdem; **par ailleurs** außerdem, andererseits

aimant *m* Magnet *P*

aimantation *f* Magnetisierung *P*

ainsi so; also; daher; **ainsi que** sowie, ebenso . . . wie

air *m* Luft *P C*

aire *f* Fläche; Flächeninhalt *P*

aisément leicht, bequem *P*

ajouter addieren, summieren; hinzufügen, dazugeben, hinzunehmen; **s'ajouter** hinzukommen

alcalin alkalisch *P C*

alcane *f* Alkan *C*
alcool *m* Alkohol *C*
aldehyde *m* Aldehyd *C*
aléatoire zufällig; Zufalls- *M*
algèbre *f* Algebra *M*
algébrique algebraisch *M*
algorithme *m* Algorithmus *M*
aller gehen; *dient zur Bildung des gegenwartsnahen Futurs;* **aller à** führen zu
allure *f* Verlauf, Verhalten; Gang, Betrieb *P C*
alors da; dann, darauf; **alors que** als, während; obgleich
alumine *f* Aluminiumoxid; (reine) Tonerde *C*
aluminium *m* Aluminium *P C*
ambiant umgebend *P C*
amener herbeiführen, bringen; zuführen; mit sich bringen, hervorbringen; veranlassen; **amener à** führen zu
amide *m* Amid *C*
amidon *m* Stärke *C*
amine *f* Amin *C*
ammoniac *m* Ammoniak *C*
ammoniaque *m* Ammoniumhydroxid *C*
ammonium *m* Ammonium *C*
amortissement *m* Dämpfung *P*
amplificateur *m* Verstärker; verstärkend, vergrößernd *P*
amplification *f* Verstärkung *P*
amplitude *f* Amplitude *P*
ampoule *f* Ampulle; Kolben *C*
an *m* Jahr *P*
analogue analog, ähnlich
analyse *f* Analysis; Analyse, Untersuchung; Auswertung; Analyse-
analyser analysieren; untersuchen *P C*
analytique analytisch
ancien ehemalig; (*nachgestellt*) alt *P C*
angle *m* Winkel
angulaire winklig; Winkel- *P*

anhydre wasserfrei *C*
anhydride *m* Anhydrid *C*
aniline *f* Anilin *C*
anion *m* Anion *C*
anisotropie *f* Anisotropie *P C*
anneau *m* Ring *M*
année *f* Jahr; Jahrgang *P*
annexe *f* Anhang, Zusatz; dazugehörig *P*
annoncer ankündigen; mitteilen *M*
annuler zu Null machen; annullieren; widerrufen; **s'annuler** zu Null werden, verschwinden *M P*
anode *f* Anode *P C*
antérieur vorhergehend, früher *P*
apparaître erscheinen, sich zeigen; **il apparaît** es zeigt sich
appareil *m* Apparat, Gerät, Vorrichtung, Instrument *P C*
apparaillage *m* Apparatur, Ausrüstung; Gerät *C*
apparent sichtbar; offensichtlich; scheinbar *C*
apparition *f* Erscheinen, Auftreten *P*
appartenir à gehören zu; enthalten sein in; Element sein von
appel *m* Appell; **fair appel à** zurückgreifen auf *C*
appeler nennen, bezeichnen; **s'appeler** heißen
application *f* Anwendung; Nutzung; Abbildung
appliquer anwenden, nutzen; abbilden; **s'appliquer** angewendet werden; genutzt werden
apporter bringen; mitbringen; zuführen *P C*
approché angenähert; Näherungs- *M*
approximatif approximativ, annähernd *P*

approximation *f* Approximation, Näherung; Schätzung

après nach; hinter; (*mit Inf*) nachdem, nachher; **d'après** nach, gemäß

aqueux wässerig, wasserhaltig *C*

arbitraire willkürlich; beliebig *M P*

arc *m* Bogen; Arkus; Kurvenbogen; Lichtbogen

argent *m* Silber *P C*

argon *m* Argon *P C*

argument *m* Argument; Polarwinkel *M*

arithmétique arithmetisch; *f* Arithmetik *M*

aromatique aromatisch *C*

arrêt *m* Stillstand; Abschluß *M*

arrêter anhalten; abschließen; abschalten; **s'arrêter** anhalten, stillstehen *P*

arriver ankommen; vorkommen; **il arrive** es kommt vor *M P*

article *m* Artikel, Abschnitt *M P*

aspect *m* Aspekt, Gesichtspunkt; Aussehen *P*

assertion *f* Behauptung *M*

assez genug; ziemlich

assimiler assimilieren, angleichen *P*

association *f* Vereinigung, Verkettung *C*

associer assoziieren; verbinden; beiordnen

assurer sichern, gewährleisten; befestigen; behaupten *P C*

atmosphère *f* Atmosphäre, Umgebungsluft *C*

atmosphérique atmosphärisch *C*

atome *m* Atom *P C*

atomique atomar, Atom- *P C*

attacher befestigen, anbringen *M*

attaque *f* Angriff, Zerstören, Zerfressen, Ätzen; Korrosion *P C*

attaquer angreifen, zerstören, zerfressen, ätzen *C*

atteindre erreichen, erzielen

attendre warten, erwarten; **s'attendre** à vermuten, erhoffen *C*

attribuer zuteilen; zuschreiben, beimessen *P C*

attribution *f* Zuteilung *C*

au s. à (+le)

aucun ... ne kein, kein einziger, nicht ein

au-dessous de unter, unterhalb von

au-dessus de über, oberhalb von

augmentation *f* Zunahme, Vermehrung, Vergrößerung, Steigerung *P C*

augmenter vermehren, vergrößern, steigern; **s'augmenter** größer werden, zunehmen

aujourd'hui heute; gegenwärtig *P*

aussi auch, ebenfalls; (*mit Inversion*) daher auch, deshalb

autant ebensoviel; **d'autant plus que** um so mehr als

auteur *m* Autor, Verfasser *P C*

automorphisme *m* Automorphismus *M*

autour de um, um ... herum *P C*

autre ander, sonstig, weiter

autrement anders; sonst *M*

avant vor; zuvor; **avant de** (*mit Inf*) bevor

avec mit; bei

avoir haben, besitzen, bekommen; **il y a** es gibt

axe *m* Achse

axiome *m* Axiom *M*

azote *m* Stickstoff *P C*

azoté stickstoffhaltig; Stickstoff- *C*

B

bain *m* Bad *C*

balance *f* Waage; Gleichgewicht *C*

bande *f* Band, Streifen; Bereich

barrière *f* Barriere, Schranke, Grenze; Potentialwall *P*

baryum *m* Barium *C*

bas, basse niedrig, tief, unter; unten; *m* Unterteil *P C*

base *f* Basis, Grundlage; Grundlinie, Grundfläche; Basiszahl; Base; **à base de** auf der Basis von

basique basisch *C*

beaucoup viel; sehr; **plus** mehr; plus; *dient zur Bildung des Komparativs und mit bestimmten Artikel zur Bildung des Superlativs*

benzène *m* Benzen *C*

benzénique Benzen- *C*

besoin *m* Bedarf; **avoir besoin de** brauchen, nötig haben *P C*

bibliographie *f* Bibliographie, Literaturverzeichnis

bien gut; sehr; sehr viel; **mieux** besser; **bien que** gleich, obwohl, wenn ... auch

bijectif bijektiv, eineindeutig *M*

bijection *f* Bijektion, eineindeutige Abbildung *M*

bilinéaire bilinear *M*

binaire binär, zweigliedrig; Dual- *M C*

blanc, blanche weiß *C*

bleu blau *C*

bloc *m* Block *M*

bobine *f* Spule *P*

bon, bonne gut; **meilleur** besser

bord *m* Rand, Kante *P*

borne *f* Schranke, Grenze *M*

borné begrenzt, beschränkt *M*

borner abgrenzen, beschränken;

se borner à sich beschränken auf *M*

boucle *f* Schleife *M*

branche *f* Ast, Zweig, Schenkel *M P*

bref, brève kurz *P*

brome *m* Brom *C*

bromure *m* Bromid *C*

brun braun *C*

brut roh, unbearbeitet; brutto; Brutto- *C*

but *m* Zweck, Ziel, Absicht *P*

butane *m* Butan *C*

C

cadre *m* Rahmen, Zusammenhang *P*

calcium *m* Kalzium *C*

calcul *m* Kalkül; Kalkulation, Berechnung; Rechnung, Rechnungsart

calculatrice *f* Rechner, Rechenmaschine, Rechenautomat *M*

calculer berechnen, ausrechnen; kalkulieren

canal *m* Kanal *P*

canonique kanonisch *M*

capable fähig, geeignet, tauglich *P*

capacité *f* Kapazität, Rauminhalt; Leistung, Leistungsvermögen *P*

capillaire *m* Kapillar; kapillar; haarförmig *C*

capter auffangen, abfangen *C*

car denn

caractère *m* Charakter; Kriterium; Zeichen, Symbol; Merkmal

caractérisation *f* Charakterisierung, Kennzeichnung *M*

caractériser charakterisieren,

kennzeichnen; **se caractériser** gekennzeichnet sein

caractéristique *f* Charakteristik; Kennziffer; Kurve, Kennlinie; charakteristische Eigenschaft; charakteristisch, bezeichnend

carbocation *m* Karbeniumion, Karboniumion *C*

carbonate *m* Karbonat *C*

carbone *m* Kohlenstoff *P C*

carbonique kohlensauer; Kohlen-; **acide** *m* **carbonique** Kohlensäure; **gaz** *m* **carbonique**, **anhydride** *m* **carbonique** Kohlendioxid *C*

carbure *m* Karbid *C*

cardinal *m* Kardinalzahl; Mächtigkeit *M*

carré *m* Quadrat, Viereck; quadratisch

carte *f* Karte *M*

cartésien kartesisch; rechtwinklig *M*

cas *m* Fall; **dans ce cas** in diesem Falle; **dans le cas de; òu** im Falle von, daß

catalyseur *m* Katalysator *C*

catalytique katalytisch *C*

catégorie *f* Kategorie *M*

cathode *f* Kathode *P C*

cation *m* Kation *C*

cause *f* Ursache, Veranlassung; **à cause de** wegen *P C*

ce dieser; es; das, dies

ceci dies (hier), das

cela dies (da), jenes (da)

celle diejenige

celle-ci die (hier), diese (hier); letztere

celles diejenigen *f Pl*

celles-ci diese hier *f Pl*

cellule *f* Zelle *P C*

celui derjenige

celui-ci der (hier), dieser (hier); letzterer

central zentral; Mittel- *M*

centre *m* Zentrum, Mitte; Mittelpunkt

centrer zentrieren *P*

cependant dennoch, jedoch; indessen, mittlerweile

cercle *m* Kreis; Kreislinie; Zirkel *M*

certain gewiß, sicher, bestimmt; **certains** einige *Pl*

certainement sicherlich, gewiß, bestimmt

ces diese *Pl*

césium *m* Caesium *P*

c'est-à-dire das heißt, das bedeutet, nämlich

cet dieser

cétone *f* Keton *C*

cette diese

ceux diejenigen *m Pl*

ceux-ci diese (hier) *m Pl*

chacun jeder

chaîne *f* Kette

chaleur *f* Wärme, Hitze *C*

chambre *f* Kammer, Raum *P*

champ *m* Feld; Bereich

changement *m* Veränderung, Umwandlung; Wechsel

changer ändern, umwandeln; vertauschen *P C*

chapitre *m* Kapitel

chaque jeder, jede, jedes

charge *f* (elektrische) Ladung; Beschickung, Füllung, Füllmaterial; Last, Belastung *P C*

chasser verdrängen, herausspülen, austreiben *C*

chauffage *m* Erwärmung, Erhitzung; Heizung *C*

chauffer anwärmen, erhitzen; heizen; **se chauffer** angewärmt werden, erhitzt werden; geheizt werden *P C*

chemin *m* Weg, Bahn

chercher suchen; versuchen, sich bemühen

chiffre *m* Ziffer, Zahl *M*

chimie *f* Chemie *C*

chimique chemisch *P C*

chlore *m* Chlor *C*

chlorhydrique Chlorwasserstoff.-

    acide *m* **chlorhydrique** Chlor-
wasserstoffsäure, Salzsäure *C*

chloroforme *m* Chloroform *C*

chlorure *m* Chlorid *C*

choc *m* Schock, Stoß, Aufprall
P C

choisir wählen, auswählen

choix *m* Wahl, Auswahl, Aus-
lese

chromatographie *f* Chromatographie *C*

cible *f* Target, Treffplatte,
Scheibe *P*

ci-dessous (weiter) unten, darunter

ci-dessus (weiter) oben, darüber

cinétique kinetisch; *f* Kinetik
P C

circuit *m* Kreislauf; Stromkreis; Leitung; Schaltung *M P*

circulaire kreisförmig *P*

citer zitieren, anführen *C*

clair klar *M*

classe *f* Klasse; Ordnung; Sorte,
Größe *M P*

classer klassifizieren, klassieren,
einordnen, abteilen *P C*

classique klassisch

cliché *m* Klischee, Negativ;
Aufnahme *P*

clos geschlossen, abgeschlossen
M

cobalt *m* Cobalt *C*

codage *m* Codierung *M*

code *m* Code *M*

coefficient *m* Koeffizient

coïncidence *f* Koinzidenz, Kongruenz, Zusammenfall *P*

coïncider zusammenfallen, sich
decken, übereinstimmen *M P*

collision *f* Kollision, Zusammenstoß *P*

colonne *f* Kolonne, Säule, Spalte,
Reihe

combinaison *f* Kombination,
Verknüpfung; Verbindung;
Schaltung

combiner binden, verbinden; **se
combiner** sich verbinden *C*

combustible *m* Brennstoff *C*

combustion *f* Verbrennung *C*

comme da, als, wie, indem; als,
wie, so wie, ebenso wie

commencer anfangen, beginnen
P C

comment wie *P C*

commentaire *m* Kommentar,
Erläuterung *M*

commun gemeinsam; allgemein;
gewöhnlich

commutatif kommutativ, vertauschbar *M*

compact kompakt, dicht *M*

comparable vergleichbar *P C*

comparaison *f* Vergleich *P C*

comparer vergleichen

compatible kompatibel, vereinbar, verträglich *P*

compensation *f* Kompensation,
Ausgleich *P*

compenser kompensieren, ausgleichen; **se compenser** kom-
pensiert werden, ausgeglichen
werden *P*

complément *m* Komplement;
Zusatz; Komplementär- *M*

complet, complète komplett,
vollständig; gesamt

complètement völlig, vollständig

compléter ergänzen, vervollständigen *M C*

complexe komplex, zusammengesetzt, kompliziert; *m* Komplex

compliqué kompliziert *P*

comportement *m* Verhalten *C*

comporter enthalten, vertragen;
se comporter sich verhalten
P C

composante *f* Komponente *M P*

composé m Zusammensetzung; (chemische) Verbindung; zusammengesetzt

composer zusammensetzen; **se composer de** sich zusammensetzen aus, bestehen aus

composition f Komposition, Zusammensetzung, Mischung

comprendre umfassen; begreifen, verstehen; **se comprendre** selbstverständlich sein; **être compris entre** liegen zwischen; **y compris** einschließlich

compte m Zählen; Rechnen, Rechnung, Berechnung; **rendre compte de** berichten über; **tenir compte de** berücksichtigen; **compte rendu** Bericht

compter zählen; rechnen, berechnen

concentration f Konzentration P C

concentré konzentriert C

conception f Konzeption, Entwurf P

concerner betreffen, angehen; **en ce qui concerne** was ... anbetrifft

conclure folgern, schließen; abschließen M P

conclusion f Schlußfolgerung; Schlußbemerkung; Abschluß

concordance f Übereinstimmung P

condensation f Kondensation, Verdichtung C

condition f Bedingung; Zustand; **à condition de** unter der Bedingung, daß

conducteur m Leiter; leitend P

conduction f Leitung P

conductivité f Leitfähigkeit P C

conduire leiten, führen; **se conduire** geleitet werden, geführt werden

cône m Konus, Kegel M

conférer vergleichen; **cf.** vgl., vergleiche

configuration f Konfiguration, Gestaltung, Bau P C

confirmer bestätigen P C

conformation f Gestaltung, Bau C

conforme à konform mit M

conformément à gemäß, in Übereinstimmung mit C

congru kongruent, deckungsgleich M

congruence f Kongruenz, Deckungsgleichheit M

conjugué m Konjugierte; konjugiert, zugeordnet M

connaissance f Kenntnis; Wissen P C

connaître erkennen, kennen; wissen

connexe zusammenhängend M

consacrer widmen C

conséquence f Folge; Schlußfolgerung; **en conséquence** folglich

conséquent konsequent, folgerichtig; **par conséquent** folglich

conservation f Konservierung, Erhaltung P

conserver konservieren; erhalten, beibehalten, bewahren; speichern; **se conserver** konserviert werden, sich frisch halten; aufbewahrt werden; gespeichert werden

considérable beachtlich, beträchtlich, erheblich P

considération f Überlegung, Betrachtung P

considérer betrachten; erwägen; berücksichtigen

consister en; dans bestehen in; aus

constant konstant, beständig, gleichbleibend

constante f Konstante

constater feststellen, bestimmen; bestätigen

constituant *m* Konstituente, Bestandteil *C*

constituer konstituieren, bilden; aufstellen; darstellen; **se constituer** sich bilden; **être constitué par** bestehen aus

construction *f* Konstruktion; Aufbau *M P*

construire konstruieren, aufbauen *M P*

consultation *f* Konsultation, Nachschlagen; **consultation de table** Tabellenlesen *M*

consulter konsultieren, nachschlagen, nachsehen *M*

contact *m* Kontakt, Berührung, Verbindung *P C*

contenir enthalten, umfassen, einschließen

continu kontinuierlich, stetig, beständig; Gleich-

continuité *f* Kontinuität, Stetigkeit; Beständigkeit *M*

continûment kontinuierlich, stetig *M*

contraire entgegengesetzt, gegenteilig; *m* Gegenteil; **au contraire** im Gegenteil, dagegen *M P*

contrairement à im Gegensatz zu *M P*

contre gegen; dagegen; **par contre** andererseits, dagegen

contribution *f* Beitrag; Anteil *P C*

contrôler kontrollieren, überwachen, überprüfen; unter Kontrolle haben, beherrschen *P C*

convenable passend, verträglich *P*

convenir passen; **il convient de** es ist ratsam zu

convention *f* Konvention, Festsetzung *M*

convergence *f* Konvergenz *M*

convergent konvergent, konvergierend *M*

converger konvergieren, zusammenlaufen *M*

conversion *f* Umwandlung, Umkehrung; Veränderung *P*

convertir umwandeln, umformen *M*

convexe konvex *M*

coordonnée *f* Koordinate; zugeordnet *M P*

corollaire *m* Folgesatz, Zusatz *M*

corps *m* Körper

corpuscule *m* Korpuskel, Teilchen *P*

correct korrekt, richtig, fehlerfrei *P*

correction *f* Korrektur, Verbesserung, Berichtigung *P*

corrélation *f* Korrelation *C*

correspondance *f* Übereinstimmung *P*

correspondant korrespondierend, entsprechend

correspondre entsprechen, übereinstimmen

corriger korrigieren, verbessern, berichtigen *P*

couche *f* Schicht, Stratum *P C*

couleur *f* Farbe *C*

couper abschneiden, abtrennen *M*

couplage *m* Kopplung, Schaltung *P C*

couple *m* Paar; Kräftepaar, Kraftmoment *M*

couramment gewöhnlich *C*

courant *m* Strom; gewöhnlich, gebräuchlich; laufend

courbe *f* Kurve

courbure *f* Krümmung *P*

cours *m* Lauf, Strömung; Richtung; Dauer; **au cours de** im Laufe von, im Verlauf von

court kurz *P*

créer schaffen, erschaffen, hervorbringen

creuset *m* Schmelztiegel *C*

cristal *m* Kristall *P C*

cristallin kristallin *P C*

cristalliser kristallisieren *P C*

cristallographique kristallographisch *P*

critique kritisch; *f* Kritik *P C*

croissant wachsend, zunehmend, ansteigend *M*

croître wachsen, zunehmen, ansteigen *M P*

cubique kubisch; Kubik- *P*

cuivre *m* Kupfer *P C*

cuve *f* Gefäß, Wanne, Bottich, Trog *P C*

cycle *m* Zyklus, Periode, Umlauf *P C*

cyclohexane *m* Zyklohexan *C*

cylindre *m* Zylinder *P*

cylindrique zylindrisch, zylinderförmig *P*

D

dans in; auf; nach; bei

de von, aus; mit; vor; nach; (*vor Inf*) zu; *dient zur Bildung von Genitiv, Teilartikel und Komposita*

début *m* Anfang, Beginn; au début zu Beginn

déceler nachweisen, auffinden *C*

décharge *f* Entladung *P*

décomposer zerlegen, zergliedern; zersetzen; se décomposer sich zersetzen

décomposition *f* Zerlegung, Auflösung; Zerfall, Zersetzung *M C*

décrire beschreiben, darstellen

décroissance *f* Abnahme, Verminderung *P*

décroissant abnehmend *M*

décroître abnehmen, fallen, sinken *M P*

déduire deduzieren, ableiten, herleiten, folgern; se deduire abgeleitet werden

défaut *m* Fehler, Mangel; Fehlen; Defekt *M P*

défini bestimmt *M*

définir definieren, bestimmen, festlegen; se definir bestimmt werden

définition *f* Definition, Bestimmung, Festlegung; Abgrenzung

déformation *f* Deformation, Deformität, Formveränderung *P C*

déformer deformieren, verformen; se déformer sich verformen, seine Gestalt verändern *P*

dégager entwickeln; se dégager sich entwickeln; frei werden *C*

dégradation *f* Abbau, Zerfall, Verfall *C*

degré *m* Grad, Stufe

dehors draußen, hinaus; en dehors de außerhalb; außer, abgesehen von *P*

déjà schon, bereits

demander verlangen, erfordern; fragen *M*

demi-plan *m* Halbebene *M*

démonstration *f* Beweis *M*

démontrer beweisen, nachweisen, begründen; vorzeigen; se démontrer bewiesen werden

dénombrable abzählbar *M*

dense dicht *M*

densité *f* Dichte *P C*

départ *m* Trennung, Scheidung, Sonderung *C*

dépasser überschreiten, übersteigen, überragen *P*

dépendance *f* Abhängigkeit *P*

dépendre de abhängen, abhängig sein von

déphasage *m* Phasenverschiebung *P*

déplacement *m* Verschiebung, Verlagerung *P C*

déplacer verschieben, verlagern; **se déplacer** sich fortbewegen *P C*

déposer deponieren, ablegen; sedimentieren *P C*

depuis seit, von . . . an

dérivable ableitbar, differenzierbar *M*

dérivation *f* Derivation, Ableitung, Herleitung; Differenzieren *M P*

dérivé *m* Derivat; abgeleitet *M C*

dérivée *f* Derivierte, Ableitung; Differentialquotient *M P*

dernier letzt; (*nachgestellt*) vorig, letztgenannt

dès seit, von . . . an; schon, gleich; **dès que** sobald

descendre hinuntergehen; heruntergehen; fallen *C*

description *f* Beschreibung *P*

déshydration *f* Entwässerung; Wasserentziehung, Trocknung *C*

désigner bezeichnen; **se désigner** sich auszeichnen

désirer wünschen, verlangen *M*

dessécher austrocknen *C*

destruction *f* Zerstörung Zertrümmerung *P*

détail *m* Detail Einzelheit *C*

détaillé detailliert, ausführlich *C*

détecter auffinden *M P*

détecteur *m* Detektor; Anzeigegerät; Detektor- *P*

détection *f* Nachweis, Entdeckung *P*

déterminant *m* Determinante *M*

détermination *f* Bestimmung; Ermittlung; Festlegung; Bezeichnung

déterminer bestimmen; ermitteln; festlegen; bezeichnen; **se déterminer** sich entschließen

devant vor, angesichts *P*

développement *m* Entwicklung

développer entwickeln; **se développer** sich entwickeln

devenir werden

devoir müssen; sollen, verdanken; **être dû à** zurückzuführen sein auf, zuzuschreiben sein

diacide *m* Doppelsäure *C*

diagramme *m* Diagramm, Darstellung

diamètre *m* Durchmesser

diélectrique dielektrisch *P C*

différence *f* Differenz; Unterschied; Verschiedenheit

différent verschieden; (*nachgestellt*) unterschiedlich, abweichend

différentiel differentiell; Differential- *M P*

différentielle *f* Differential *M*

différer de differieren, abweichen von *P*

difficile schwierig *C*

difficulté *f* Schwierigkeit *P C*

diffracter beugen, brechen *P*

diffraction *f* Beugung, Brechung *P*

diffuser diffundieren; verbreiten; zerstreuen; senden *P*

diffusion *f* Diffusion: Verbreitung; Streuung; Sendung, Ausstrahlung; Austausch *P C*

diluer verdünnen *C*

dilution *f* Verdünnung *C*

dimension *f* Dimension, Ausdehnung, Abmessung *M P*

diminuer verringern, verkleinern; sich vermindern, abnehmen *P C*

diminution *f* Verringerung, Verkleinerung, Abnahme *P C*

diode *f* Diode *P*

dioxyde *m* Dioxid *C*

dipolaire Dipol- *P*

dire sagen; nennen; **se dire** gesagt werden; heißen

direct direkt, gerade, unmittelbar

directeur Richtungs-, Leit- *M*

direction *f* Richtung *P*

diriger leiten; richten *P*

discussion *f* Diskussion; Erörterung; Untersuchung *P C*

discuter diskutieren; erörtern; untersuchen *P*

disjoint disjunkt, elementefremd *M*

dislocation *f* Auseinandernehmen, Teilung *P*

disparaître verschwinden *P C*

dispersion *f* Dispersion, Dispergierung, Streuung *C*

disposer anordnen, einrichten; **disposer de** verfügen über *C*

dispositif *m* Vorrichtung, Einrichtung *P C*

disque *m* Kreis, Scheibe *M P*

dissociation *f* Dissoziation, Spaltung, Zersetzung *C*

dissocier dissoziieren, spalten, zersetzen *C*

dissolution *f* Auflösung, Lösungsprozeß *C*

dissoudre lösen, auflösen, zersetzen; aufschließen; **se dissoudre** sich auflösen, sich zersetzen *C*

distance *f* Distanz, Abstand, Entfernung; Strecke

distillation *f* Destillation *C*

distiller destillieren *C*

distinct deutlich, klar; unterschieden

distinguer unterscheiden; erkennen; kennzeichnen *P*

distribution *f* Distribution, Verteilung; Verbreitung; verallgemeinerte Funktion

divers verschieden; (*nachgestellt*) verschiedenartig, mannigfaltig

diviser dividieren, teilen; **se diviser en** sich teilen (lassen) in

diviseur *m* Divisor, Teiler; teilend; Teil- *M*

divisible teilbar *M*

division *f* Division, Dividieren, Teilung *M*

domaine *m* Gebiet, Bereich

donc folglich, also, somit; doch

donné gegeben, vorliegend; bestehend; **étant donné** in Anbetracht, angesichts; bei

donnée *f* Angabe; bekannte Größe; Meßwert; **données** *Pl* Daten

donner geben; ergeben, hervorbringen; **se donner** gegeben werden

dont dessen; von dem; darunter

dosage *m* Dosierung; Gewichtsbestimmung; Mengenverhältnis *C*

doser dosieren; Gewichtsbestimmung vornehmen *C*

double doppelt, zweifach; Doppel-; *m* Doppeltes

doublet *m* Doppellinie, Dublett; Zweierschale *C*

droit rechter; gerade *M*

droite *f* rechte Seite; Gerade; **à droite** rechts

du s. de (+le)

dualité *f* Dualität *M*

durée *f* Dauer *P C*

dynamique dynamisch; *f* Dynamik *M P*

E

eau *f* Wasser *P C*

ébullition *f* Sieden; Kochen; Aufwallen *C*

écart *m* Abweichung, Abstand; Unterschied *P C*

échantillon *m* Probe, Stichprobe, Muster *P C*

échelle *f* Skala, Gradeinteilung, Maßstab *P C*

éclairer leuchten, beleuchten; erhellen *P*

écran *m* Bildschirm; Blende, Abschirmung *P*

écrire schreiben; **s'écrire** geschrieben werden; lauten

effectivement tatsächlich, wirklich; wirksam *P C*

effectuer ausführen, durchführen, unternehmen, machen, bewerkstelligen; **s'effectuer** ausgeführt werden; sich vollziehen

effet *m* Wirkung, Auswirkung; **à cet effet** zu diesem Zweck; **en effet** in der Tat, tatsächlich

efficace wirksam *P*

égal gleich

également ebenfalls, gleichermaßen

égalité *f* Gleichheit *M*

élastique elastisch *P*

électricité *f* Elektrizität *P*

électrique elektrisch; Elektro- *P C*

électrode *f* Elektrode *P C*

électrolyse *f* Elektrolyse *C*

électrolyte *m* Elektrolyt *C*

électromagnétique elektromagnetisch *P*

électron *m* Elektron *P C*

électronégatif elektronegativ *C*

électronique elektronisch; *f* Elektronik *P C*

électropositif elektropositiv *C*

électrostatique elektrostatisch; *f* Elektrostatik *P*

élément *m* Element, Teil; Grundstoff

élémentaire elementar; Grund- *M P*

élévation *f* Erhöhung; Vergrößerung, Steigerung; Aufriß *C*

élevé hoch *P C*

élever erhöhen, steigern; erheben; **s'élever** sich erheben, emporragen; **s'élever à** betragen *P C*

éliminer eliminieren, beseitigen, ausschalten; herauslösen

elle sie

elle-même (sie) selbst *M*

elles sie *f Pl*

émetteur *m* Sender; Sende- *P*

émettre emittieren, ausstrahlen, senden; ausströmen *P C*

émission *f* Emission, Ausstrahlung, Sendung; Ausströmung; Ausflußmenge *P C*

emploi *m* Gebrauch, Verwendung *P C*

employer gebrauchen, verwenden

en in; nach; zu; auf; im Jahre; von da, von dort, daher; dessen; darüber, davon, darum; bei, während, durch

encore noch, bis jetzt; immer noch; nochmals; noch mehr; dazu; (*mit Inversion*) jedoch; dennoch

endomorphisme *m* Endomorphismus *M*

énergétique energetisch *P*

énergie *f* Energie *P C*

enfin endlich; schließlich

engendrer erzeugen; hervorbringen *M*

énolique enolisch *C*

énoncé *m* Voraussetzung, Vorbedingung; Wortlaut *M P*

énoncer ausagen, aussprechen; **s'énoncer** ausgesagt werden, ausgesprochen werden *M*

enregistrement *m* Registrierung, Eintragung; Aufnahme *P*

enregistrer registrieren, eintragen; aufnehmen *P*

ensemble *m* Menge; Gesamtheit; Komplex; Aggregat

ensuite dann, darauf

enthalpie *f* Enthalpie *C*

entier, entière ganz, gesamt, völlig; *m* Ganzes *M P*

entièrement ganz und gar *P*

entourage *m* Nachbarschaft *M*

entraîner zur Folge haben, nach sich ziehen

entre zwischen, unter

entrée *f* Eintritt; Eingang; Eingabe; Öffnung

entreprendre unternehmen *P*

entrer à; dans eintreten, einströmen in *C*

enveloppe *f* Hülle, Umhüllung *P*

environ etwa, ungefähr *P C*

envisager ins Auge fassen, in Betracht ziehen

épais dick *P*

épaisseur *f* Dicke *P*

équation *f* Gleichung

équilibre *m* Gleichgewicht *P C*

équivalence *f* Äquivalenz, Gleichwertigkeit *M P*

équivalent äquivalent, gleichwertig; *m* Äquivalent

équivaloir gleichen Wert haben *M*

erreur *f* Fehler, Unsicherheit, Irrtum; Abweichung *P C*

espace *m* Raum *M P*

espèce *f* Art, Sorte; **espèce chimique** reine Substanz *C*

essai *m* Experiment, Versuch, Probe; Prüfung *C*

essayer versuchen, erproben; prüfen

essentiel wesentlich; Haupt- *M P*

essentiellement hauptsächlich, wesentlich, grundlegend *C*

ester *m* Ester *C*

estimer schätzen, abschätzen; meinen *P*

et und

établir aufstellen; feststellen; festlegen; erarbeiten, herstellen

étain *m* Zinn *P*

étalon *m* Normalmaß; Urmaß; Eichmaß *C*

étalonnage *m* Eichung *P C*

étape *m* Etappe; Schritt *M C*

état *m* Zustand, Status; Stadium

etc., et cetera usw., und so weiter

étendre erweitern, ausdehnen; strecken, verdünnen; **s'étendre** sich erstrecken

éthane *m* Ethan *C*

éther *m* Ether *C*

éthyle *m* Ethyl *C*

éthylène *m* Ethylen *C*

étranger fremd, fremdartig *C*

être sein, existieren; sich befinden; **être de** betragen; **il en est** es gibt welche; **soit** es sei, angenommen, gesetzt

étroit eng, schmal *P*

étude *f* Studium; Untersuchung; Erforschung

étudier studieren; untersuchen; erforschen

euclidien euklidisch *M*

eux sie *m Pl*

évaluer schätzen, abschätzen; auswerten *P C*

évaporation *f* Verdampfung; Verdunstung *P C*

évaporer verdampfen; verdunsten *C*

éventuellement eventuell, möglicherweise *M*

évidemment offensichtlich, offenkundig

évidence f Augenscheinlichkeit; **mettre en évidence** klarstellen, nachweisen; veranschaulichen

évident evident, offensichtlich; einleuchtend M P

éviter vermeiden; ausweichen; umgehen P C

évolution f Entwicklung P C

exact genau, richtig, exakt

exactitude f Genauigkeit, Exaktheit C

examen m Untersuchung; Prüfung P C

examiner untersuchen; prüfen P C

excès m Überschuß P C

excitation f Erregung, Anregung; Reizung P C

exciter erregen, anregen; reizen P C

exclure ausschließen, ausschalten C

exécuter durchführen, ausführen M

exécution f Durchführung, Ausführung M

exemple m Beispiel; **par exemple** zum Beispiel

exercer üben, ausüben; **s'exercer** ausgeübt werden P C

exercice m Übung M

exiger fordern, erfordern

existence f Existenz, Vorhandensein

exister existieren, vorhanden sein; **il existe** es gibt

expérience f Experiment, Versuch; Erfahrung P C

expérimental experimentell; Experimental-; Erfahrungs- P C

explication f Erklärung, Erläuterung P

explicitement explizit, ausdrücklich P

expliciter explizit, darstellen, deutlich ausdrücken P

expliquer erklären, erläutern; darlegen P C

explosion f Explosion; Sprengung C

exposant m Exponent M

exposer exponieren, darlegen; aussetzen; belichten M P

expression f Ausdruck, Begriff; Auspressen

exprimer ausdrücken; auspressen; **s'exprimer** sich ausdrücken (lassen); sich äußern

extension f Extension, Erweiterung; Bereich M

extérieur äußerer; Außen-; **à l'extérieur** draußen; nach draußen M P

externe extern, äußerlich; außen; Außen- M C

extraction f Extraktion; Gewinnung; Ausziehung C

extrapoler extrapolieren P

extraire extrahieren, ausziehen, auslaugen; auslesen; auswählen, ausspeichern

extrêmement extrem, höchst P C

extrémité f äußerstes Ende P

F

fabrication f Herstellung, Erzeugung, Anfertigung C

face f Vorderseite; Fläche P C

facile leicht

facilement leicht, mühelos

façon f Art, Weise, Art und Weise; **de façon que** so daß; **de façon générale, d'une façon générale** im allgemeinen

facteur m Faktor

faculté *f* Fähigkeit, Vermögen *C*

faible schwach; geringfügig

faire machen, tun; herstellen; erzeugen; verursachen, veranlassen, lassen; (*vor Inf*) veranlassen, lassen; **se faire** gemacht werden, ausgeführt werden

fait *m* Fakt, Tatsache; **en fait** in der Tat, tatsächlich; in Wirklichkeit; **du fait de** auf Grund von, wegen, im Hinblick auf; **tout à fait** ganz und gar, völlig

falloir müssen, nötig sein; brauchen, nötig haben; **il faut** es ist nötig; man muß, man soll; **il ne faut pas** man darf nicht

famille *f* Gruppe, Klasse; Kurvenschar *M C*

faux, fausse falsch; unecht *M*

favorable günstig *P*

favoriser begünstigen, fördern *P*

fente *f* Spalt, Schlitz *P*

fer *m* Eisen *P C*

fermé geschlossen, abgeschlossen *M*

ferreux eisenhaltig; Eisen- *C*

figure *f* Figur, Abbildung, Schaubild

figurer abbilden, darstellen, gestalten *P C*

fil *m* Draht; Faden *C*

filtre *m* Filter *M P*

fin *f* Ende; Zweck, Ziel; fein, dünn

final endlich, schließlich; End-, Schluß-

fini endlich, finit; fertig *M P*

fixation *f* Fixierung; Befestigung; Halterung *C*

fixe fest, unbeweglich; Fix- *M P*

fixé fest, befestigt, angebracht *M*

fixer fixieren, bestimmen; festsetzen; befestigen, anbringen; **se fixer** sich anheften

flacon *m* Flasche, Fläschchen *C*

fluctuation *f* Fluktuation, Schwankung *P*

fluide *m* Fluidum, flüssiger oder gasförmiger Stoff; flüssig, gasförmig *P*

fluorescence *f* Fluoreszenz *P C*

fluorure *m* Fluorid *C*

flux *m* Fluß *P*

fois *f* Mal, -mal; **à la fois** auf einmal, zugleich

fonction *f* Funktion; Wirkung; **en fonction de** in Abhängigkeit von; **être fonction de** abhängig sein von

fonctionnel funktionell; Funktional- *M*

fonctionnement *m* Funktionieren; Arbeitsweise; Betrieb

fond *m* Grundlage; Hintergrund *C*

fondamental fundamental, grundlegend, wesentlich; Haupt-, Grund-

force *f* Kraft *P C*

formalisme *m* Formalismus, formelmäßige Darstellung *P*

formation *f* Bildung; Herstellung; Entstehung *P C*

forme *f* Form, Gestalt; **sous (la) forme de** in Form von

formel formal, förmlich *P*

former formen; bilden; **se former** sich bilden, entstehen

formule *f* Formel

formuler formulieren *C*

fort stark; sehr

fortement sehr; viel; stark

four *m* Ofen *C*

fournir liefern

foyer *m* Fokus, Brennpunkt *P*

fraction *f* Fraktion, Bruch; Brechen; Anteil

fréquemment häufig *P*

fréquence *f* Frequenz, Häufigkeit *P C*

froid kalt; abgekühlt *C*

frontière *f* Grenze *P*
fusion *f* Fusion; Schmelzprozeß, Schmelze *P C*

groupe *m* Gruppe; Satz
groupement *m* Gruppierung, Anordnung; Schaltung *P C*

G

gain *m* Verstärkung; Gewinn *P*
gauche linker; Links-; **à gauche** links
gaz *m* Gas *P C*
gazeux gasförmig; gashaltig; Gas- *P C*
gêner hindern, behindern *C*
général generell, allgemein; Allgemein-, Gesamt-, Haupt-; **en général** im allgemeinen, überhaupt
généralement im allgemeinen, überhaupt
généralisation *f* Verallgemeinerung *M*
généraliser generalisieren, verallgemeinern
généralité *f* Allgemeines; Allgemeinheit *M P*
générateur *m* Generator, Erzeuger; Erzeugungszahl; erzeugend *M P*
genre *m* Art, Sorte *P*
géométrie *f* Geometrie *M P*
géométrique geometrisch *M P*
glissement *m* Gleiten, Abgleiten *P*
global global, pauschal, gesamt *C*
goutte *f* Tropfen *C*
grâce à dank, infolge, durch
grain *m* Korn; Teilchen *C*
grand groß; hoch; bedeutend
grandeur *f* Größe; Höhe *P C*
graphe *m* Graph, Bild *M*
grille *f* Gitter, Raster *P*

H

habituel gewöhnlich, gewohnheitsmäßig *P C*
halogène *m* Halogen; halogen *C*
halogénure *m* Halogenid *C*
harmonique harmonisch; *f* Harmonische *M P*
haut hoch; oben; laut
hauteur *f* Höhe *P*
hélium *m* Helium *P C*
heure *f* Stunde; Zeitpunkt *P C*
hexane *m* Hexan *C*
holomorphe holomorph *M*
homéomorphisme *m* Homöomorphismus *M*
homogène homogen, gleichartig *M P*
homomorphisme *m* Homomorphismus *M*
horizontal horizontal, waagerecht *P*
horloge *f* Uhr *P*
hydrate *m* Hydrat *C*
hydrocarbure *m* Kohlenwasserstoff *C*
hydrogène *m* Wasserstoff *C*
hydrogéné wasserstoffhaltig *C*
hydrolyse *f* Hydrolyse *C*
hydrure *m* Hydrid *C*
hyperfin hyperfein; Hyperfein- *P*
hypothèse *f* Hypothese, Vermutung, Annahme, Voraussetzung, Forderung

I

ici hier
idéal *m* Ideal; ideal, vollkommen *M*
idée *f* Idee; Begriff *P*
identification *f* Identifizierung; Feststellung *C*
identifier identifizieren, gleichsetzen; feststellen; s'identifier übereinstimmen
identique identisch
identité *f* Identität, Übereinstimmung *M P*
il er; es
ils sie *m Pl*
image *f* Bild, Abbild *M P*
imaginaire imaginär *M*
immédiatement sofort, unverzüglich
impair ungerade *M*
impédance *f* Impedanz, Scheinwiderstand *P*
implication *f* Implikation *M*
impliquer implizieren, einschließen, mit einbegreifen; zur *'*Folge haben *M C*
importance *f* Wichtigkeit, Bedeutung *P C*
important wichtig, bedeutend
imposer auferlegen; s'imposer unbedingt nötig sein *M P*
impossible unmöglich *M C*
impression *f* Druck; Schreibung *M*
impulsion *f* Impuls, Stoß, Antrieb *P*
impureté *f* Unreinheit, Verunreinigung *P*
incidence *f* Einfall *P*
incident einfallend; Einfalls- *P*
inconnue *f* Unbekannte *P*
inconvénient *m* Nachteil *M*
indépendant unabhängig *P C*
indéterminé unbestimmt *M*
indéterminée *f* Unbestimmte *M*

indicateur *m* Indikator, Anzeiger; bestimmend; Indikations-, Zeiger- *M C*
indice *m* Index; Exponent; Kennzahl; Anzeichen
indifférent indifferent, neutral; unempfindlich; träge *C*
indiquer anzeigen, angeben, die Bezeichnung sein für; hinweisen auf
induction *f* Induktion; Schlußfolgerung *P*
induire induzieren *M P*
industrie *f* Industrie *C*
industriel industriell *C*
inégalité *f* Ungleichung; Ungleichheit *M*
inerte inert, träge *C*
inférieur geringer; niedriger; unter; Unter-; inférieur à kleiner als
infini unendlich; *m* Unendliches, unendliche Größe *M P*
infinité *f* Unendlichkeit *M*
inflexion *f* Ablenkung; Biegung; Brechung *C*
influence *f* Einfluß, Beeinflussung; Wirkung *P C*
influer beeinflussen; einwirken *C*
information *f* Information; informations Daten *M P*
infrarouge infrarot; *m* Infrarot *P C*
initial anfänglich; Anfangs-, Ausgangs-
insoluble unlöslich, unlösbar *C*
instabilité *f* Instabilität *P*
instant *m* Moment, Augenblick *P*
institut *m* Institut *M*
instruction *f* Anweisung, Befehl *M*
intégrable integrierbar *M*
intégral Integral-
intégrale *f* Integral
intégration *f* Integration; Vereinheitlichung *M P*

intégrer integrieren *M*
intense intensiv, stark; hochgradig *P C*
intensité *f* Intensität; Stärke; Heftigkeit *P C*
interaction *f* Wechselwirkung *P C*
interdire untersagen, verbieten *P*
intéressant interessant; betreffend
intéresser interessieren; betreffen; **s'intéresser à** sich interessieren für *C*
intérêt *m* Interesse *P C*
interférence *f* Interferenz *P*
intérieur inner; Innen-; **à l'intérieur de** innerhalb von, in *M P*
intermédiaire intermediär; Intermediär-, Zwischen-, Mittel-, Übergangs-; **par l'intermédiaire de** mit Hilfe von *P C*
interne intern, innerlich, innen befindlich; Innen-
interpolation *f* Interpolation *M*
interprétation *f* Interpretation, Deutung
interpréter interpretieren, deuten; **s'interpréter** interpretiert werden, gedeutet werden
intersection *f* Durchschnitt; Schnittpunkt, Schnittlinie; Überschneidung; Kreuzung *M C*
intervalle *m* Intervall *M P*
intervenir intervenieren, eingreifen; hinzukommen; einwirken, beeinflussen; erfolgen
intramoléculaire innermolekular *C*
introduction *f* Einführung; Eingabe
introduire einführen; eingeben; zugeben; einsetzen; **s'introduire** eindringen
invariant invariant, unveränderlich; *m* Invariante, Unveränderliche *M P*

inverse invers, reziprok, umgekehrt *M P*
inversible umkehrbar *M*
involutif involutorisch; Involutions- *M*
iode *m* Iod *C*
iodure *m* Iodid *C*
ion *m* Ion *P C*
ionique ionisch; Ionen- *P C*
ionisation *f* Ionisation, Ionisierung *C*
ioniser ionisieren *P*
irradier bestrahlen *P*
irréductible irreduzibel, unzerlegbar *M*
isoler isolieren, absondern *P C*
isomère isomer(isch) *C*
isomorphe isomorph, strukturgleich *M*
isomorphisme *m* Isomorphismus, Strukturgleichheit *M*
isotherme *f* Isotherme; isotherm *C*
isotope *m* Isotop *P*
isotopique Isotopen- *C*
issu entstammend *P*

J

je ich
jeu *m* Spiel; Spielraum *C*
joindre verbinden; anfügen *M*
jonction *f* Verbindung, Aneinanderfügung *P*
jouer spielen
jusqu'à bis zu; bis nach; bis an; bis auf; bis in; **jusqu'à présent** bis jetzt; **jusqu'ici** bis hierher
justifier rechtfertigen, nachweisen; justieren; **se justifier** gerechtfertigt sein *P C*

L

là da, dort; dahin, dorthin
laboratoire *m* Labor(atorium) *P C*
laisser lassen; zulassen; hinterlassen, überlassen; verlassen *M P*
lame *f* Blättchen; Klinge *P*
lampe *f* Lampe; Elektronenröhre *C*
langage *m* Sprache *M*
laquelle welche, die
large weit; breit *C*
largeur *f* Weite; Breite *P*
laser *m* Laser, Laserstrahl *P*
lecteur *m* Leser *M*
léger, légère leicht *C*
légèrement leicht; gewandt *P C*
lemme *m* Lemma, Hilfssatz *M*
lent langsam *C*
lentille *f* Linse *P*
lequel welcher, der
lettre *f* Buchstabe *M*
leur ihr *Pl*
leurs ihre *Pl*
liaison *f* Bindung; Verbindung; Verkettung; Zusammenhang *P C*
libérer freisetzen, freimachen; befreien *C*
libre frei; unabhängig
lier binden, verbinden; **se lier** sich verbinden *P C*
lieu *m* Ort, Stelle; **au lieu de** anstatt; **avoir lieu** stattfinden; **donner lieu à** Anlaß geben zu
ligne *f* Linie; Leitung
limite *f* Grenze; Limes; Grenzwert, Randwert; Grenz-, Rand-, Höchst-
limité begrenzt, beschränkt *M*
limiter begrenzen, abgrenzen; einschränken; **se limiter à** sich beschränken auf
linéaire linear, geradlinig

liquéfaction *f* Verflüssigung *C*
liquide flüssig; *m* Flüssigkeit *P C*
lire lesen, ablesen; **se lire** abgelesen werden *M*
liste *f* Liste, Verzeichnis *M*
lithium *m* Lithium *C*
local lokal, örtlich *M P*
localiser lokalisieren *P*
loi *f* Gesetz, Regel; Satz
loin weit, fern *P C*
long, longue lang; **le long de** entlang, längs *P C*
longueur *f* Länge *P C*
lors de zur Zeit, bei *P C*
lorsque als; wenn; da
lui er
lui-même (er) selbst *M*
lumière *f* Licht *P C*
lumineux leuchtend; Licht- *P*

M

machine *f* Maschine *M*
macroscopique makroskopisch *P*
magnésium *m* Magnesium *C*
magnétique magnetisch *P C*
maille *f* Masche *P*
maintenant jetzt
maintenir aufrechterhalten; behaupten *P C*
mais aber; sondern
majorer majorisieren *M*
mal schlecht; schlimm; **plus mal** schlechter; **pis** schlimmer *M*
malgré trotz, wider, ungeachtet
malheureusement leider
manière *f* Art, Weise; **de manière générale, d'une manière générale** im allgemeinen
manifester manifestieren, zeigen; **se manifester** sich zeigen; auffallen *P*

manuscrit *m* Manuskript *M C*

marche *f* Gang; Betrieb; Lauf *C*

marquer markieren, anzeichnen *P C*

masse *f* Masse; **masse atomique** Atomgewicht; **masse moléculaire** Molekulargewicht *P C*

massif *m* Massiv; Fundament; Grund *C*

matériau *m* Material, Werkstoff *P*

matériel materiell, stofflich *P*

mathématique mathematisch *P C*

mathématiques *f Pl* Mathematik *M*

matière *f* Materie, Material, Stoff, Substanz; **en matière de** auf dem Gebiet von *P C*

matrice *f* Matrix; Matrize

maximal maximal; Höchst- *M P*

maximum *m* Maximum; maximal; Höchst- *P C*

mécanique *f* Mechanik; mechanisch *P*

mécanisme *m* Mechanismus; Vorrichtung; Technik *P C*

médial mittlerer; Mittel- *M*

mélange *m* Mischung, Gemisch *P C*

mélanger mischen, mengen *C*

membre *m* Glied

même der-, die-, dasselbe; der, die, das gleiche; sogar; **de même** ebenso, ebenfalls, desgleichen; **de même que** wie; ebenso . . . wie

mémoire *f* Speicher *M*

mentionner erwähnen, anführen *C*

mercure *m* Quecksilber *P C*

mesurable meßbar *M*

mesure *f* Maß; Messung; Maßnahme; **être en mesure** in der Lage sein

mesurer messen *P C*

métal *m* Metall *P C*

métallique metallisch; Metall- *P C*

métastable metastabil *C*

méthane *m* Methan *C*

méthode *f* Methode, Verfahren

méthyle *m* Methyl *C*

métrique metrisch *M P*

métrisable metrisierbar *M*

mettre setzen; stellen; legen; bringen; **se mettre à** anfangen zu

milieu *m* Medium, Mittel; Milieu, Umwelt *P C*

mince dünn *P C*

minéral mineralisch, anorganisch; *m* Mineral *C*

minimal minimal; Mindest- *M P*

minimum *m* Minimum; minimal; Mindest- *P C*

miroir *m* Spiegel *P*

mise *f* Setzen; Legen; Stellen *C*

mixte gemischt, gemengt *C*

mobilité *f* Beweglichkeit *P*

mode *m* Art, Weise

modèle *m* Modell, Muster, Vorbild

modification *f* Modifikation, Modifizierung, Abwandlung; Änderung *P C*

modifier modifizieren, abwandeln; ändern *P C*

modulation *f* Modulation *P*

module *m* Modul *M*

moduler modulieren *P*

moins weniger; geringer; **au moins** zumindest, mindestens, wenigstens

moitié *f* Hälfte *P*

molaire molar; Mol- *C*

moléculaire molekular *P C*

molécule *f* Molekül *P C*

moment *m* Moment, Augenblick, Zeitpunkt *P C*

monôme *m* Monom, Term, Glied *M*

montage *m* Montage; Aufbau; Schaltung; Satz; Garnitur *P C*

monter montieren, aufbauen; schalten *C*

montrer zeigen, aufweisen; **se montrer** sich zeigen, sich erweisen als

morphisme *m* Morphismus *M*

mot *m* Wort *M*

mouvement *m* Bewegung *P C*

moyen mittler, durchschnittlich; mittelmäßig; Mittel-; *m* Mittel; Weg; **au moyen de** mit Hilfe von, mittels, durch

moyenne *f* Durchschnitt, Mittelwert; **en moyenne** durchschnittlich

multiple vielfach; *m* Vielfaches *M C*

multiplicatif multiplikativ *M*

multiplication *f* Multiplikation *M P*

multiplier multiplizieren, vervielfachen *M P*

munir de ausrüsten, versehen mit

N

naître entstehen *C*

nature *f* Natur; Wesen *P C*

naturel natürlich; Natur-

ne nicht; **ne ... jamais** nie, niemals; **ne ... pas** nicht; kein; **ne ... plus** nicht mehr; kein ... mehr; **ne ... que** nur; erst; **ne ... rien** nichts

néanmoins nichtsdestoweniger; dennoch *P C*

nécessaire nötig, notwendig, erforderlich *P C*

nécessité *f* Notwendigkeit *P*

nécessiter erfordern *P C*

négatif negativ *P C*

négligeable vernachlässigbar, unwesentlich, belanglos *P*

négliger vernachlässigen; weglassen *P*

net klar, deutlich, scharf; sauber; netto; Netto- *C*

nettement klar; deutlich *P C*

neutraliser neutralisieren *C*

neutre neutral

neutron *m* Neutron *P*

nickel *m* Nickel *P C*

nitrate *m* Nitrat *C*

nitrile *m* Nitril *C*

nitrique salpetersauer; Salpeter-; **acide** *m* **nitrique** Salpetersäure *C*

nitrite *m* Nitrit *C*

nitrure *m* Nitrid *C*

niveau *m* Niveau, Pegel, Höhe; Stand *P C*

noir schwarz *C*

nom *m* Name *C*

nombre *m* Zahl, Anzahl

nombreux zahlreich *P C*

nomenclature *f* Nomenklatur *C*

non nein; Nicht-; **non seulement ... mais aussi** nicht nur ... sondern auch

non-vide nicht leer *M*

normal normal; senkrecht, in Normalrichtung; Normal-

norme *f* Norm *M*

nos unsere *Pl*

notable beachtlich, bemerkbar *C*

notamment insbesondere, namentlich

notation *f* Formel; Bezeichnung; Darstellung; Schreibweise

note *f* Beitrag; Anmerkung, Fußnote *M P*

noter notieren; anmerken, bemerken

notion *f* Begriff; Vorstellung; Kenntnis *M C*

notre unser(e)

nous wir

nouveau/nouvel, nouvelle neu; neuartig

noyau *m* Kern

nucléaire nuklear; Kern- *P*

nucléon *m* Nukleon, Kernteilchen *P*

nul null; wertlos, ungültig

numération *f* Numerierung; Zählung *M*

numérique numerisch, zahlenmäßig

numéro *m* Nummer

O

objet *m* Objekt, Gegenstand; Zweck *M P*

observable beobachtbar, wahrnehmbar *P*

observation *f* Beobachtung, Wahrnehmung *P*

observer beobachten; bemerken; befolgen

obtenir erhalten, erlangen, erreichen, erzielen

obtention *f* Gewinnung, Erlangung, Erzielung *P C*

occuper einnehmen, besetzen, innehaben; **s'occuper de** sich beschäftigen mit *P C*

on man; **l'on** man

onde *f* Welle *C*

ondulatoire wellenförmig *P*

opérateur *m* Operator *M*

opération *f* Operation; Prozeß, Verfahren; Arbeitsgang; Versuch; Betrieb

opératoire operativ; Prozeß-, Arbeits-, Versuchs- *C*

opérer vornehmen, durchführen; **s'opérer** eintreten, sich vollziehen *M C*

opposé *m* Gegensatz, Gegenteil; entgegengesetzt; gegenüberliegend *M*

opposer entgegenstellen; einwenden *P*

optique optisch *P C*

or nun (aber), also; *m* Gold

orbite *f* Bahn, Flugbahn *P*

ordinaire gewöhnlich *P C*

ordinateur *m* Elektronenrechner *P C*

ordre *m* Ordnung, Reihenfolge; Größenordnung; **de l'ordre de** von ungefähr

organigramme *m* Flußdiagramm, Blockdiagramm, Ablaufschema *M*

organique organisch *C*

orientation *f* Orientierung, Ausrichtung

orienter orientieren, ausrichten *M C*

origine *f* Ursprung, Herkunft, Entstehung; Anfang **être à l'origine de** verursachen

orthogonal orthogonal, rechtwinklig *M P*

orthonormé orthonormal, normiert orthogonal *M*

oscillateur *m* Oszillator, Schwingungserzeuger *P*

oscillation *f* Oszillation, Schwingung *P*

ou oder

où wo (in dem, in der, in denen); **d'où** von wo, woher

outre weiter; **en outre** außerdem

ouvert offen; geöffnet *M*

ouvrir öffnen; **s'ouvrir** sich öffnen; münden *C*

oxalate *m* Oxalat *C*

oxalique oxalsauer; Oxal-; **acide** *m* **oxalique** Oxalsäure *C*

oxydant *m* Oxydationsmittel; oxydierend *C*

oxydation *f* Oxydation, Oxydierung *C*

oxyde *m* Oxid *P C*

oxyder oxydieren; s'oxyder rosten C

oxygène m Sauerstoff C

oxygéné sauerstoffhaltig; eau f oxygéné Wasserstoffsuperoxid C

P

page f Seite M

pair gerade M P

paire f Paar P

papier m Papier C

par durch, von; über; bei; aus; mal; pro

paragraphe m Paragraph M

paraître erscheinen, auftreten; il parait es scheint M P

parallèle parallel; f Parallele M P

paramagnétique paramagnetisch C

paramètre m Parameter

paramétrique parametrisch M

parasite störend; Stör- P

parcourir durchlaufen; durchfließen, strömen M P

parcours m Bahn, Weg; Strecke P

parfait perfekt, vollkommen, vollständig P C

parfaitement vollkommen, vollständig P C

parfois manchmal, zuweilen, mitunter P C

parmi (mitten) unter, zwischen

paroi f Wandung; Trennwand P C

part f Teil; d'autre part andererseits; d'une part einerseits; mis à part abgesehen von, außer

particule f Partikel, Teilchen P

particulier besonder; Sonder-;

en particulier insbesondere, besonders

particulièrement im einzelnen; besonders, insbesondere P C

partie f Teil, Teilmenge; faire partie de gehören zu

partiel partiell, teilweise; Teil-

partir anlaufen, starten, abgehen; à partir de von; von ... an, ןvon ... aus, ab; aus; mittels, mit Hilfe von, an Hand von

partition f Partition; Verteilung; Zerlegung M

partout überall M

passage m Durchlaß; Durchlauf, Durchgang M C

passer durchlaufen, durchströmen; vergehen, vorbeigehen; übergehen; überschreiten; se passer vergehen; sich ereignen, stattfinden

pendant während, lang P C

penser denken; meinen; beabsichtigen P C

pente f Neigung, Gefälle C

perchlorate m Perchlorat C

perchlorique überchlorsauer; Perchlor-, Überchlor-; acide m perchlorique Überchlorsäure, Perchlorsäure C

perdre verlieren C

période f Periode, Zeitabschnitt M P

périodicité f Periodizität M

périodique periodisch, wiederkehrend; Perioden- P

permanent permanent, beständig, dauernd; Dauer- P

permanganate m Permanganat C

permettre gestatten; ermöglichen

permutation f Permutation, Vertauschung M

perpendiculaire senkrecht P

perte f Abnahme; Verlust P C

perturbation *f* Störung *P*
perturber stören *P*
peser wiegen, auswiegen *C*
petit klein; kurz; niedrig; geringfügig; **plut petit** kleiner; **moindre** geringer
peu wenig; **moins** weniger
phase *f* Phase, Stadium
phénol *m* Phenol *C*
phénomène *m* Phänomen, Erscheinung, Vorgang *P C*
phényle *m* Phenyl *C*
phosphore *m* Phosphor *C*
phosphorique phosphorsauer; Phosphor-; **acide** *m* **phosphorique** Phosphorsäure *C*
photon *m* Photon, Lichtquant *P*
physique physikalisch; *f* Physik
pic *m* Maximum, Spitze *P*
piège *m* Ausfriertasche *C*
pile *f* Element; Batterie; Reaktor *C*
place *f* Platz, Stelle *P*
placer setzen; stellen; legen; anbringen; **se placer** gesetzt werden; gestellt werden; gelegt werden; angebracht werden
plan *m* Plan; Ebene, Fläche; plan, eben, flach; **sur le plan** auf dem Gebiet
plaque *f* Platte; Anode, Elektrode *P C*
plasma *m* Plasma *P*
plateau *m* Scheibe, Teller; Boden; Waagschale *C*
platine *m* Platin *C*
plomb *m* Blei *C*
plupart *f* Mehrzahl; die meisten *C*
plus *s.* beaucoup; mehr; plus, und; dazu, noch, außerdem; **au plus** höchstens; **de plus** mehr; außerdem, ferner
plusieurs mehrere *Pl*
poids *m* Gewicht; Belegung
point *m* Punkt; **mettre au point** ausarbeiten, erarbeiten; **mise** *f*

au point Abhandlung; Ausarbeitung, Erarbeitung; Einstellung; **point de vue** *f* Standpunkt; Hinsicht
polaire polar, polig; Pol- *P*
polarisation *f* Polarisation, Polarisierung *P*
polariser polarisieren *P*
pôle *m* Pol *M P*
polymère *m* Polymer *C*
polymérisation *f* Polymerisation *C*
polynôme *m* Polynom; polynomisch; Polynom-; Polynomial- *M*
pompage *m* Pumpen, Pumparbeit *P*
ponctuel punktuell, punktförmig *P*
pondéral Gewichts- *C*
population *f* Population, Belegung, Besetzung *P*
porter tragen; bringen; **porter sur** beruhen auf; betreffen
poser setzen; stellen; legen; einsetzen; anbringen; **se poser** auftreten
positif positiv
position *f* Position, Stellung, Lage; Ansatz; Stelle
posséder besitzen, innehaben enthalten
possibilité *f* Möglichkeit
possible möglich
potasse *f* Pottasche, Kaliumcarbonat, kohlensaures Kali *C*
potassium *m* Kalium *P C*
potentiel *m* Potential; Spannung; potentiell
potentiométrique potentiometrisch *C*
poudre *f* Pulver, Puder *C*
pour für; im Verhältnis zu; um, wegen; (*vor Inf*) um zu; **pour que** damit, daß
pourquoi warum, weshalb; **c'est pourquoi** darum, deshalb

poursuivre durchführen; fortsetzen; se poursuivre durchgeführt werden; fortgesetzt werden *C*

pouvoir können; *m* Können, Vermögen, Fähigkeit; il se peut es ist möglich

pratique *f* Praxis; praktisch

précédemment vorher, zuvor

précédent vorhergehend

précéder vorangehen *M P*

précipitation *f* Niederschlagen; Fällen, Ausfällung *C*

précipité *m* Niederschlag *C*

précis präzise, genau

précisément präzise, genau

préciser präzisieren, genau angeben

précision *f* Präzision, Genauigkeit

préconiser befürworten, empfehlen *C*

préférence *f* Vorzug *C*

préférer bevorzugen *P*

prélèvement *m* Entnahme; Probenahme *C*

préliminaire vorläufig; Vor-; préliminaires *m* Einleitung *M*

premier erste; prim; Prim-; relativ prim, teilerfremd; primär; Primär- *M*

prendre nehmen

préparation *f* Darstellung; Herstellung; Aufbereitung; Präparat *C*

préparer darstellen; herstellen; aufbereiten; präparieren; se préparer sich vorbereiten *C*

près nahe; à ... près bis auf; à peu près ungefähr, etwa, beinahe

présence *f* Vorhandensein, Auftreten; en présence de in Gegenwart von, bei Vorhandensein von *P C*

présent vorhanden, vorliegend; gegenwärtig *P C*

présenter aufweisen, zeigen; vorlegen; se présenter auftreten, auftauchen

presque fast

pression *f* Druck *P C*

preuve *f* Beweis *M*

prévision *f* Voraussage *P*

prévoir vorhersehen, voraussehen; einplanen *P C*

primaire primär *C*

primitif primitiv; Primitiv- *M*

principal hauptsächlich; Haupt-

principe *m* Prinzip, Grundsatz; Theorem; Bestandteil

probabilité *f* Wahrscheinlichkeit *M P*

probablement wahrscheinlich *P*

problème *m* Problem; Aufgabe

procédé *m* Verfahren *P C*

procéder verfahren, vorgehen; procéder à schreiten zu; procéder de herrühren von *P C*

processus *m* Prozeß, Vorgang

proche nahe *P C*

production *f* Produktion, Herstellung, Erzeugung *C*

produire produzieren, herstellen, erzeugen *P C*

produit *m* Produkt; Erzeugnis; Präparat

profil *m* Profil; Querschnitt; Aufriß *P*

profondeur *f* Tiefe *P*

programme *m* Programm *M*

projection *f* Projektion; Lichtbild *M P*

prolongement *m* Fortsetzung; Erweiterung *M*

propagation *f* Ausbreitung *P*

propane *m* Propan *C*

propène *m* Propen, Propylen *C*

proportion *f* Proportion; Verhältnis *C*

proportionnel proportional *P C*

propos *m* Äußerung; Vorsatz; à propos de hinsichtlich, betreffs

proposer vorschlagen; **se proposer** sich vornehmen
proposition f Vorschlag; Lehrsatz, Behauptung; Aussage *M P*
propre eigen; sauber, rein;
Eigen-; **propre à** geeignet
proprieté f Eigenschaft; Eigen-
tümlichkeit
proton *m* Proton *P C*
prouver beweisen *M*
provenir de herkommen, herrühren, herstammen von *P C*
provoquer provozieren, hervorrufen, auslösen *P C*
publier publizieren, veröffentlichen *P*
puis dann, darauf; ferner
puisque da (ja)
puissance f Potenz, Stärke,
Kraft; Leistung; Mächtigkeit
pur rein *P C*
purement einfach; nur, lediglich *P*
purification f Reinigung, Säuberung *C*
purifier reinigen, säubern *C*
pyridine f Pyridin *C*

Q

quadratique quadratisch *M C*
quadripolaire vierpolig; Qua-
drupol- *P*
quand wenn; als; wann
quant à was ... angeht, betrifft
quantique Quanten- *P*
quantité f Quantität, Menge;
quantité de sehr viele
quantum *m* Quantum; Quant *P*
quartz *m* Quarz *P C*
que daß; als, wie; was; der, die,
das

quel welcher; **quel que** welcher
auch immer
quelconque irgendein, ein beliebiger *M P*
quelle welche
quelles welche f *Pl*
quelque irgendein, etwas; **quel-
ques** einige *Pl*
quels welche *m Pl*
question f Frage; Angelegenheit
M C
qui welcher, welche, welches;
der, die, das
quotient *m* Quotient *M*

R

racine f Wurzel *M*
radial radial *P*
radiatif strahlend; Strahlungs- *P*
radiation f Strahlung *P*
radical *m* Radikal; Grundstoff;
Wurzelzeichen; Grund-; Wur-
zel- *C*
raie f Linie, Strich; Streifen *P C*
raison f Grund, Ursache; Verstand, Vernunft; **en raison de**
wegen; im Verhältnis zu
raisonnement *m* Beweisführung;
Schlußfolgerung; Beurteilung
M P
ramener à zurückführen auf,
reduzieren auf; **se ramener à**
sich zurückführen lassen auf,
sich reduzieren lassen auf *M P*
ramifier verzweigen; abzweigen
C
rang *m* Rang; Stelle *M*
rapide schnell, rasch *P C*
rappeler erinnern
rapport *m* Verhältnis, Beziehung; Bericht; **par rapport à** im
Verhältnis zu, in bezug auf

rapporter à beziehen auf M
rapprocher nähern, annähern;
  se rapprocher sich nähern;
  übereinstimmèn
rare selten; spärlich P
rassembler sammeln; zusammensetzen; erfassen M C
rationnel rational M
rayon m Radius; Strahl; **rayons**
  X Röntgenstrahlen
rayonnement m Strahlung, Ausstrahlung P
rayonner strahlen, ausstrahlen P
réactif m Reagens; rèagierend;
  Reaktions-; Reagens- C
réaction f Reaktion, Rückwirkung, Gegendruck; Einwirkung; Düsenantrieb, Strahl-
  triebwerk P C
réactionnel Reaktions- C
réactivité f Reaktivität, Reak-
  tionsfähigkeit C
réagir reagieren C
réaliser realisieren, ausführen;
  sich vorstellen; **se réaliser** zustande kommen
récemment vor kurzem P
récent neu; jüngst P
recevoir erhalten, empfangen;
  aufnehmen
recherche f Forschung; Erforschung, Untersuchung; Erhe-
  bung
récipient m Rezipient; Gefäß,
  Behälter; Vorlage C
réciproque reziprok M
reconnaître erkennen C
rectangle m Rechteck; rechtwinklig M
rectangulaire rechtwinklig,
  rechteckig P
recueillir gewinnen, rückgewin-
  nen; sammeln; empfangen,
  auffangen C
récurrence f Rekursion M
réducteur m Reduktionsmittel;
  reduzierend; reduzierbar C

réduction f Reduktion; Reduzierung; Verminderung; Rückgang, Abnahme P C
réduire reduzieren, vermindern,
  kürzen, verdicken; **se réduire**
  reduziert werden, vermindert
  werden, sich vermindern; sich
  verdicken; **réduire à** zurück-
  geführt werden auf
réduit reduziert; verwandelt C
réel real, reell, wirklich; Real-
référence f Bezugnahme; Refe-
  renz-, Bezugs- P C
réfléchir reflektieren P
réflexion f Reflexion, Rück-
  strahlung, Spiegelung P
réfraction f Refraktion, Brechung P C
refroidissement m Kühlung, Abkühlung C
région f Region, Bereich P C
règle f Regel, Vorschrift
régulier regulär, regelmäßig P C
relatif relativ, verhältnismäßig;
  bezüglich; Relativ-; **relatif à** in
  bezug auf
relation f Relation, Beziehung,
  Verhältnis; Abhängigkeit; **en
  relation avec** in Verbindung mit
relativement relativ, verhältnismäßig
relativiste relativistisch P
relativité f Relativität P
relever aufnehmen; hervorheben
  C
relier verbinden, verknüpfen;
  anschließen; **se relier à** in Verbindung stehen mit
remarquable bemerkenswert, erheblich C
remarque f Bemerkung M P
remarquer bemerken, wahrnehmen; **se remarquer** bemerkt
  werden
remplacer ersetzen, austauschen
remplir füllen; erfüllen; ausfüllen P C

rencontrer treffen, antreffen, begegnen; stoßen auf; **se rencontrer** sich treffen; vorkommen

rendement *m* Wirkungsgrad; Ausbeute, Ertrag; Leistung *C*

rendre wiedergeben; (*vor Adjektiv*) machen

renfermer enthalten *C*

renseignement *m* Auskunft *C*

répartir verteilen *P*

répartition *f* Verteilung *P*

repère *m* Bezug; **point de repère** Bezugspunkt *M*

répondre à entsprechen *M C*

réponse *f* Ansprechen, Anzeige; Rate; Gang *P*

reporter hinbringen; **se reporter à** sich beziehen auf *P*

repos *m* Ruhe *P*

reprendre wiederaufnehmen, wieder anfangen *M P*

représentation *f* Darstellung, Abbildung; Vorführung

représenter darstellen; **se représenter** dargestellt werden

réseau *m* Netz; System *P C*

résidu *m* Residuum, Rest; Rückstand, Bodensatz *M C*

résiduel residual, zurückbleibend; Rest- *M P*

résistance *f* Widerstand; Festigkeit, Beständigkeit *P*

résistivité *f* spezifischer Leitungswiderstand *P*

résolution *f* Lösung, Auflösung *P*

résonance *f* Resonanz, Widerhall *P C*

résoudre lösen, auflösen; analysieren; **se résoudre** sich lösen

respectif respektiv, entsprechend; gegenseitig *P*

respectivement beziehungsweise

reste *m* Rest, Bestand; Fehler; Restglied *M C*

rester bleiben, zurückbleiben *M C*

restreindre einschränken, beschränken; **se restreindre à** sich beschränken auf *M*

restriction *f* Restriktion, Einschränkung *M*

résultat *m* Resultat, Ergebnis

résulter resultieren, sich ergeben; **il résulte** es ergibt sich; **il en résulte** daraus ergibt sich

résumé *m* Resümee, Zusammenfassung *M P*

résumer resümieren, zusammenfassen *P C*

retour *m* Rücklauf; Rückkehr; Rückprall; Rück- *M P*

retrouver wiederfinden; **se retrouver** sich wieder einfinden

réunion *f* Vereinigung *M*

révéler enthüllen *C*

revenir à hinauslaufen auf; wiederkommen *M P*

réversible reversibel, umkehrbar *C*

rigoureusement genaugenommen *P*

robinet *m* Hahn *C*

rôle *m* Rolle

rose rosenrot *C*

rotation *f* Rotation, Umdrehung, Drehung; Dreh- *P C*

rotationnel Dreh- *P*

rotatoire drehend; Dreh- *C*

rouge rot; *m* Rothitze, Rotglut *C*

S

sa sein(e); ihr(e)

sans ohne; (*vor Inf*) ohne zu; **sans que** ohne daß

satisfaire befriedigen; erfüllen; **satisfaire à** genügen

satisfaisant befriedigend, genügend, hinreichend *P C*

saturation f Sättigung P
saturer sättigen, tränken C
sauf außer
savoir wissen; kennen; können
scalaire skalar; Skalar-; m Skalar, skalare Größe M P
schéma m Schema; Schaltbild P C
science f Wissenschaft P C
séance f Sitzung M
sec, sèche trocken C
secondaire sekundär; Sekundär-P C
section f Sektion, Abteilung, Abschnitt; Schnitt, Querschnitt, Profil M P
segment m Segment, Abschnitt, Strecke M
sel m Salz C
selon gemäß, nach, entsprechend P C
sembler scheinen P C
semigroupe m Halbgruppe M
sens m Richtung; Sinn; Bedeutung
sensibilité f Sensibilität, Empfindlichkeit C
sensible empfindlich; genau P C
sensiblement merklich P
séparable separabel, trennbar
séparation f Zerlegung; Trennung, Abscheidung
séparer trennen, lostrennen; **se séparer** getrennt werden
séquence f Sequenz, Folge M
séquentiel sequentiell; Sequenz-, Folge- M
série f Serie, Reihe; **en série** hintereinander, in Reihenschaltung
servir dienen, bedienen; **servir à** dienen zu; **servir de** dienen als; **se servir de** nutzen, gebrauchen P C
ses seine; ihre Pl
seul allein, einzig
seulement nur, wenigstens; erst

si wenn, falls; ob; so(viel), so sehr
siège m Sitz C
signal m Signal, Zeichen P
signaler signalisieren, anzeigen, hinweisen; markieren
signe m Signum; Zeichen, Vorzeichen
signifier bedeuten; kennzeichnen M P
silice f Siliciumdioxid; Kieselsäure; Kieselerde P C
simple einfach
simplifier vereinfachen; kürzen P
simultanément simultan, gleichzeitig P C
sinon wenn nicht, sonst, andernfalls; außer
sinusoïdal sinusförmig; Sinus- P
site m Lage, Platz, Stelle P C
situé gelegen, befindlich M
situer hinsetzen; hinstellen; **se situer** fallen P C
sodium m Natrium P C
soient s. être; es seien; gesetzt, angenommen
soin m Sorgfalt; **prendre soin** bestrebt sein M
soit s. être; es sei; gesetzt, angenommen; **soit ... soit** entweder ... oder
sol m Sol; Erdboden C
solaire solar; Sonnen- P
soleil m Sonne P
solide solid, fest; dauerhaft P C
solubilité f Löslichkeit, Lösbarkeit C
soluble löslich, auflösbar C
solution f Lösung
solvant m Lösungsmittel C
sommaire m Zusammenfassung; kurz C
somme f Summe
son sein(e); ihr(e)
sorte f Sorte, Art, Gattung; **de sorte que** so daß; **en sorte que** so daß

sortie *f* Ausgang; Ausgabe *M*

soude *f* Soda, Natriumkarbonat *C*

soufre *m* Schwefel *C*

soumettre unterziehen, unterwerfen, aussetzen; exponieren *P*

source *f* Quelle *P C*

sous unter, unterhalb

sous-ensemble *m* Untermenge, Teilmenge; Untergruppe *M*

sous-espace *m* Teilraum, Unterraum *M*

sous-groupe *m* Untergruppe *M*

sous-jacent darunterliegend *M*

soustraction *f* Subtraktion *M*

souvent oft, häufig

spatial räumlich; Raum- *P*

spécifique spezifisch *C*

spectral spektral; Spektral- *P*

spectre *m* Spektrum; Bild; Verteilung *P C*

spectrographe *m* Spektrograph *P*

spectrographie *f* Spektrographie *C*

spectromètre *m* Spektrometer *P*

spectroscopie *f* Spektroskopie *P*

sphère *f* Sphäre; Bereich; Kugel *P*

sphérique sphärisch, kugelförmig *P*

spin *m* Spin, Drehimpuls *P*

stabilité *f* Stabilität, Festigkeit *P C*

stable stabil; fest; unveränderlich; beständig *M C*

stade *m* Stadium *C*

stationnaire stationär, unbeweglich *P*

statique statisch *M*

statistique statistisch; *f* Statistik *M P*

stérique sterisch *C*

stimuler stimulieren, anregen *P*

strictement strikt, streng, genau *M*

structure *f* Struktur, Bau, Aufbau

subir erleiden, durchmachen; unterliegen *P C*

subsister fortbestehen *P C*

substance *f* Substanz, Stoff *P C*

substituant *m* Substituent *C*

substituer substituieren, ersetzen, auswechseln; **se substituer** substituiert werden, ersetzt werden, ausgewechselt werden *C*

substitution *f* Substitution, Substituierung, Ersatz; Einsetzen *C*

successif sukzessiv, aufeinanderfolgend

successivement schrittweise, nacheinander

suffire genügen

suffisant genügend, hinreichend

suite *f* Folge, Reihe, Reihenfolge; **à la suite de** infolge; **par suite** demnach, infolgedessen; **par suite de** infolge

suivant folgend, nachstehend; entsprechend, gemäß, nach

suivre folgen, befolgen; **se suivre** aufeinanderfolgen; befolgt werden

sulfate *m* Sulfat *C*

sulfure *m* Sulfid *C*

sulfurique schwefelsauer; Schwefel-; **acide** *m* **sulfurique** Schwefelsäure *C*

superficiel oberflächlich, Oberflächen- *C*

supérieur höher, ober; Ober-; **supérieur à** größer als

superposition *f* Superposition, Überlagerung *P*

support *m* Unterstützung; Stütze, Träger; Gestell *M*

supposer annehmen, voraussetzen, vermuten

supprimer unterdrücken; verdrängen; beseitigen *M*

sur auf; über; nach; zu; durch
surcommutatif überkommutativ M
surface f Fläche, Oberfläche, Flächeninhalt
surjectif surjektiv M
surtout vor allem, besonders $P\ C$
susceptibilité f Aufnahmefähigkeit; Erregbarkeit P
susceptible geeignet; empfindlich $P\ C$
symbole m Symbol
symétrie f Symmetrie
symétrique symmetrisch
synthèse f Synthese C
systématique systematisch $P\ C$
système m System

T

table f Tafel; Tabelle; Tisch $M\ P$
tableau m Tafel; Tabelle; Bild
taille f Form, Gestalt C
tandis que während; wohingegen $P\ C$
tangent tangential, tangierend M
tangente f Tangente; Tangens M
taux m Gehalt; Verhältnis; Satz $P\ C$
technique f Technik; Verfahren; technisch
teinte f Färbung, Farbton C
tel solcher, so einer; derartig; **tel que** wie
température f Temperatur $P\ C$
temps m Zeit; **en même temps** gleichzeitig
tendance f Tendenz, Neigung C
tendre à führen zu; abzielen

auf; **tendre vers** tendieren zu, streben gegen, gehen gegen, konvergieren gegen M
teneur f Gehalt C
tenir halten; enthalten; **tenir à** Wert darauf legen zu; **se tenir** stattfinden; **s'en tenir à** es bewenden lassen bei
tanseur m Tensor $M\ P$
tension f Spannung; Druck $P\ C$
tenter versuchen C
terme m Term, Glied; Terminus, Ausdruck; Termin
terminer beenden, begrenzen C
ternaire ternär, dreistoffig C
terre f Erde P
tertiaire tertiär C
tête f Kopf; Spitze; **en tête de** an der Spitze von M
théorème m Theorem, Lehrsatz, Regel $M\ P$
théorie f Theorie
théorique theoretisch
thermique thermisch; Thermo-, Wärme- $P\ C$
thermodynamique thermodynamisch; f Thermodynamik, Wärmelehre C
tige f Stange C
tirer ziehen; schießen; **se tirer** gezogen werden $M\ P$
titrage m Titration, Titrierung C
titre m Titer; Feingehalt C
titrer titrieren C
tomber fallen C
tome m Band M
topologie f Topologie M
topologique topologisch M
total total, ganz, vollständig; Gesamt-
totalement völlig
toujours immer
tour m Umdrehung; f Säule, Turm C
tourner drehen, wenden; sich drehen, sich wenden P

tous alle *m Pl*
tout jeder; alles; ganz, all; *m*
  Ganzes
toute jede; ganz
toutes alle *f Pl*
trace *f* Spur *M C*
tracer zeichnen, aufzeichnen,
  vorzeichnen, auftragen; **se**
  tracer aufgezeichnet werden;
  aufgetragen werden
traduire übersetzen; übertragen; **se traduire** sich äußern
trait *m* Zug, Ziehen; Strich *P*
traitement *m* Behandlung; Bearbeitung, Verarbeitung *M C*
traiter behandeln, darlegen;
  bearbeiten, verarbeiten; **trai-**
  ter de handeln von
trajectoire *f* Bahn, Flugbahn *P*
transfert *m* Transfer, Übertragung *P C*
transformation *f* Transformation, Transformierung; Um-
  spannung; Umwandlung
transformer transformieren, umwandeln; umspannen; **se trans-**
  former sich verwandeln
transition *f* Übergang
transmettre übertragen, übermitteln; senden *M P*
transmission *f* Transmission,
  Übertragung; Übersetzung;
  Getriebe; Antrieb *P*
transparence *f* Transparenz,
  Durchsichtigkeit; Lichtdurch-
  lässigkeit *P*
travail *m* Arbeit
travailler arbeiten, bearbeiten
  C
travers *m* Breite; Schräge;
  Querschnitt; **à travers** quer
  durch *P*
traverser durchqueren; durchdringen; durchfließen *P C*
très sehr
triadique triadisch *M*
triangle *m* Dreieck *M*

trigonométrique trigonome-
  trisch *M*
triplet *m* Triplett *C*
trivial trivial *M*
trop zu; zuviel; zu sehr
trou *m* Loch *P*
trouver finden; **se trouver** sich
  befinden
tube *m* Röhre; Rohr *P C*
type *m* Typus, Typ; Art, Gattung; Form

U

ultraviolet ultraviolett; *m* Ultraviolett *P C*
unicité *f* Unität, Einzigkeit;
  Eindeutigkeit *M*
uniforme uniform, gleichartig,
  gleichmäßig; eindeutig *M P*
unique einzig, einzigartig; eindeutig
unitaire unitär, einheitlich; Ein-
  heits- *M P*
unité *f* Einheit; Eins; Einer
universel universell; Universal- *M*
usuel üblich, gebräuchlich
utile nützlich, brauchbar *M C*
utilisation *f* Nutzung, Benutzung; Ausnutzung, Verwertung *P C*
utiliser nutzen, benutzen; aus-
  nützen, verwenden

V

valable gültig
valence *f* Valenz, Wertigkeit
  P C

valeur *f* Wert; Betrag; **prendre des valeurs** Werte annehmen
validité *f* Validität, Gültigkeit *P*
valoir wert sein, gelten *P*
vapeur *f* Dampf *P C*
variable *f* Variable, Veränderliche; variabel, veränderlich
variation *f* Variation, Veränderung; Schwankung
varié verschiedenartig, mannigfaltig; abwechselnd *C*
varier variieren, sich ändern; schwanken
variété *f* Mannigfaltigkeit *M*
vase *m* Gefäß *C*
vecteur *m* Vektor *M P*
vectoriel vektoriell; Vektor-; *m* Vektor *M P*
venir kommen; **venir de** *dient zur Bildung der gegenwartsnahen Vergangenheit*
vérifier verifizieren, nachprüfen; untersuchen
verre *m* Glas *P C*
vers gegen, nach; gegenüber
vertical vertikal, senkrecht *P*
vertu *f* Kraft, Energie; **en vertu de** kraft, auf Grund von *M*
vibration *f* Vibration; Schwingung; Erschütterung *P C*
vide *m* Vakuum; Leere, leer
vie *f* Leben; Nutzungsdauer *P C*
visible sichtbar; ersichtlich *P*
vitesse *f* Geschwindigkeit
voici hier ist; hier sind; hier; da *M*

voie *f* Weg; Bahn *P C*
voir sehen; wahrnehmen; siehe; **on voit que** man sieht, daß; es ist ersichtlich, daß
voisin benachbart, angrenzend; Neben-
voisinage *m* Umgebung; Nachbarschaft; Nähe; **au voisinage de** in der Nähe von
volatile volatil, flüchtig *C*
volume *m* Volumen, Rauminhalt *P C*
vouloir wollen
vrai wahr; echt *M P*
vue *f* Ansicht; Sehen, Sicht; **avoir en vue** beabsichtigen; **point *m* de vue** Standpunkt; Hinsicht

Y

y da, dort; dorthin; daran; darauf; dazu; dabei; damit; darüber

Z

zinc *m* Zink *C*
zone *f* Zone; Bereich *P*

Produktive Suffixe in naturwissenschaftlichen Fachwortschätzen

Russische Substantivsuffixe

-ение	вычисле́ние		сле́дствие
	давле́ние		соотве́тствие
	измене́ние	**-ок**	оса́док
	окисле́ние		отре́зок
	определе́ние		поря́док
-ание	иссле́дование		рису́нок
	колеба́ние		уча́сток
	образова́ние	**-ик**	диэле́ктрик
	описа́ние		исто́чник
	тре́бование		ма́ятник
-ие	зна́ние		проводни́к
	нали́чие		серде́чник
	отли́чие	**-ка**	доба́вка
	поня́тие		оболо́чка
	усло́вие		оце́нка
-ия	катего́рия		тру́бка
	ли́ния		ячейка
	тео́рия	**-ота**	высота́
	фу́нкция		кислота́
	эне́ргия		рабо́та
-ация	вариа́ция		теплота́
	иониза́ция		частота́
	опера́ция	**-ина**	величина́
	поляриза́ция		глубина́
	реализа́ция		пласти́на
-ость	возмо́жность		причи́на
	зави́симость		тре́щина
	пло́тность	**-ица**	грани́ца
	пове́рхность		едини́ца
	ско́рость		страни́ца
-ство	вещество́		табли́ца
	ка́чество		части́ца
	коли́чество	**-ель**	дви́гатель
	мно́жество		мне́житель
	простра́нство		показа́тель
-ствие	де́йствие		после́дователь
	отсу́тствие		усили́тель
	прису́тствие		

Russische Adjektivsuffixe

-ный	а́томный	-мый	допусти́мый
	во́дный		знако́мый
	лине́йный		измери́мый
	магни́тный		незави́симый
	разли́чный		необходи́мый
-ский	канони́ческий	-кий	бли́зкий
	логи́ческий		высо́кий
	практи́ческий		ни́зкий
	физи́ческий		пло́ский
	энергети́ческий		широ́кий
-овой	волново́й	-истый	бро́мистый
	звуково́й		йо́дистый
	теплово́й		по́ристый
	углово́й		сли́зистый
	числово́й		хро́мистый

Englische Substantivsuffixe

-ion	assumption	-ure	figure
	condition		measure
	definition		procedure
	function		structure
	reaction		temperature
-ation	calculation	-ence	congruence
	combination		difference
	distillation		evidence
	preparation		interference
	transformation		reference
-y	frequency	-ing	counting
	recovery		grouping
	strategy		processing
	symmetry		programming
	theory		understanding
-ity	capacity	-er	computer
	equality		identifier
	identity		multiplier
	probability		producer
	quantity		tracer
-ment	arrangement	-al	differential
	development		extremal
	equipment		factential
	improvement		ideal
	treatment		integral

-a   formula   mantissa
        hypotenusa   parabola
        lemma

Englische Adjektivsuffixe

-al   additional   primary
        critical   stationary
        experimental   -ous   analogous
        structural   continuous
        thermal   numerous
-ic   analytic   serious
        basic   various
        electronic   -able   applicable
        metallic   considerable
        organic   desirable
-ive   extensive   differentiable
        positive   reasonable
        relative   -ent   apparent
        sensitive   congruent
        selective   convergent
-ar   angular   dependent
        linear   different
        molecular   -ing   corresponding
        nuclear   decreasing
        scalar   engineering
-ary   arbitrary   increasing
        elementary   interesting
        ordinary

Französische Substantivsuffixe

-ion   absorption   propriété
        concentration   unité
        équation   -ure   allure
        fonction   chlorure
        variation   figure
-eur   diviseur   mesure
        épaisseur   temperature
        opérateur   -ie   énergie
        réducteur   chimie
        valeur   partie
-té   activité   série
        égalité   théorie
        intensité   -ence   différence

	évidence		puissance
	fréquence		résistance
	influence	-um	ammonium
	séquence		maximum
-ment	changement		minimum
	développement		hélium
	glissement		sodium
	mouvement	-ène	acétylène
	traitement		benzène
-on	échantillon		durène
	électron		éthylène
	étalon		propène
	proton	-ate	hydrate
	rayon		nitrate
-age	chauffage		perchlorate
	dosage		permanganate
	entourage		sulfate
	montage	-ane	alcane
	titrage		butane
-é	composé		cyclohexane
	énoncé		éthane
	opposé		propane
	procédé	-ine	alumine
	résumé		aniline
-ée	coordonnée		origine
	dérivée		platine
	donnée		pyridine
	durée	-ique	caractéristique
	indéterminée		dynamique
-au	faisceau		mécanique
	niveau		optique
	noyau		physique
	réseau	-ère	barrière
	tableau		caractère
-ance	connaissance		frontière
	distance		lumière
	importance		manière

Französische Adjektivsuffixe

-ique	chimique		général
	électrique		normal
	numérique		principal
	optique		total
	théorique	-aire	intermédiaire
-al	égal		linéaire

	moléculaire		extérieur
	nucléaire		inférieur
	ordinaire		intérieur
-ant	constant		supérieur
	déterminant	**-able**	comparable
	invariant		dérivable
	oxydant		mesurable
	suivant		négligeable
-ent	convergent		variable
	différent	**-ible**	compatible
	évident		divisible
	incident		inversible
	précédent		sensible
-if	actif		susceptible
	négatif	**-é**	composé
	positif		concentré
	réactif		donné
	relatif		élevé
-el	différentiel		varié
	industriel	**-eux**	aqueux
	naturel		ferreux
	partiel		gazeux
	réel		lumineux
-eur	antérieur		nombreux